©Glaretone/Hideyuki EMOTO

©Glaretone/Hideyuki EMOTO

ミシャ自伝

Mihailo Petrovic

J1最多指揮監督が綴る
来日19年の足跡と攻撃サッカー哲学

著 ミハイロ・ペトロヴィッチ
サンフレッチェ広島ー浦和レッズー北海道コンサドーレ札幌元監督
編 佐藤 景

Prologue はじめに

我ながら不思議に思う。

２００６年６月に初めてサンフレッチェ広島の監督として来日したとき、これほど長い期間、日本で仕事をするとは思わなかった。

偶然か、必然か。
それは私にも分からない。

故郷に戻ったときにサッカーを続けていなかったら？
ＦＫロズニツァでプロ選手になることができなかったら？
イビチャ・オシムさんと一緒に仕事をしていなかったら？

トルコで祖母井秀隆さんと会話しなかったら？
広島から掛かってきた電話に出られなかったら？
杉浦大輔がグラーツに訪ねて来なかったら？
チームを降格させた私に続投のオファーがなかったら？
出回った怪文書のせいで監督を続けられなかったら？
中国のクラブを蹴って札幌に行かなかったら？
日本のサポーターの深い愛を感じられなかったら——。

私がこれまで歩いてきた道のりを振り返るとき、どこか運命めいたものを感じてしまう。全てが偶然だとしたら、私はあまりにも幸運な人間だ。

サンフレッチェ広島
浦和レッズ
北海道コンサドーレ札幌
私が日本で率いたチームは19シーズンでわずか3つだけだった。

日本でも、あるいは世界でもあまり例がないことかもしれない。セルビアからもオーストリアからも遠い国、日本でこれほど長く監督として働けたことを運命と言わずして何と言おう。

そのときどきで不思議な縁に導かれた感覚がある。私は前世で、きっと善人だったに違いない。

過ごした時間が長い分だけ、たくさんの思い出がある。いくつもの出会いがあり、数え切れないほどの愛情に触れることができた。

Jリーグ31年の歴史の半分以上の年月、実に19年間、監督を務めた。それはこの上ない喜びであり、大きな誇りだ。

J１では歴代最多となる５９４試合で指揮を執ったそうだ。切りのいい６００という数字に少し足りないところが全く私らしい。ただ、そういう記録よりも私が求め続けた攻撃サッカーや貫いたフィロソフィーが、日本の皆さんの記憶に少しでも残っていれば、と思う。

それこそが、私が目指したものだからだ。

2024シーズンをもって、札幌との契約が満了となり、私は日本を去ることになった。今後のことは自宅のあるオーストリアでじっくり考えたい。これまで監督として働き詰めだったので、コロナ禍以降、別々に暮らしていた妻ブレダと、しばらくはゆっくり過ごそうと話している。

今度、日本の皆さんにお会いできるのは、旅行で訪れるときだろうか。先の事は分からないが、時間ができたら一人の旅行者としてまた日本を訪れてみたい。

ここに綴るのは、サッカーとともに半世紀を生きてきた私の人生の記憶であり、そのときどきの率直な思いだ。自伝のように振り返ってもいるし、自分の考えを主張してもいる。

貫いてきた信念と変わることのなかったフィロソフィー、そして日本への感謝がこの本には詰まっていると思う。

共感でも反論でも構わない。皆さんの心に私の言葉が届き、感情を刺激したなら幸いだ。

日本サッカーのさらなる発展とJリーグの繁栄、日本の皆さんの幸せを願っている。

2025年1月末日　グラーツの自宅にて

ミハイロ・ペトロヴィッチ

Prologue — はじめに

2024年12月8日、最終節終了後のセレモニーであいさつするミシャ
＿©Glaretone/Hideyuki EMOTO

2024年 12月 9日、退任会見に臨むミシャ
＿ ©Glaretone/Hideyuki EMOTO

CS

CONTENTS

第1章

1957年～1993年

ユーゴスラビア、スロベニア、オーストリア時代

第2章

1993年～2006年

オシムさんとの出会い

CONTENTS

第3章

2006年～2011年

サンフレッチェ広島時代

第4章

2012年～2017年

浦和レッズ時代

CONTENTS

第5章

2018年～2024年

北海道コンサドーレ札幌時代

第6章

2024年～

ラストシーズン
～日本サッカーへの提言～

CREDITS
編集　サッカーマガジン編集部
デザイン　イエロースパー／松本幸治
カバー写真　江本秀幸／グレアトーン
写真　江本秀幸／グレアトーン
Afro
Getty Images
J.LEAGUE
BBM
翻訳／通訳　杉浦大輔
協力　北海道コンサドーレ札幌

第1章

1957年～1993年

ユーゴスラビア、スロベニア、オーストリア時代

旧ユーゴに生まれて

１９５７年10月18日、私はヨーロッパのバルカン半島にある国、ユーゴスラビアで生まれた。正式にはユーゴスラビア社会主義連邦共和国という。第二次大戦後、軍人であり、政治家であるヨシップ・ブロズ・チトーによって建国された共産主義国だ。

そのユーゴの中央に位置するセルビアのマチュヴァ郡ロズニツァで育った。ベオグラードから西へおよそ１２０キロ行ったところにある国境沿いの町。西の外れにドリーナという川が流れ、その向こう側は現在のボスニア・ヘルツェゴビナ。今では人口もずいぶん増えたが、それでも8万人程度の小さな町だ。

ロズニツァ出身のサッカー選手は意外に多い。ミリンコ・パンティッチ、ネマニャ・マクシモヴィッチ、ネマニャ・コイッチ、アレクサンダル・カタニッチ、ランコ・デスポトヴィッチ、ウラディミル・ストイコヴィッチ、ズラトコ・ユヌゾヴィッチらは世代こそ違うが、いずれも同じ町の出身だ。日本の方も知っている選手がいるのではないだろうか。

私が生まれた今から68年前、世界はアメリカを中心とする西側諸国とソビエト連邦を中心とする東側諸国に二分されていた。私の母国ユーゴスラビアは社会主義の東側陣営。ただ、チトーがソ連とうまく距離を取っていたので、私の感覚では他の東側諸国に比べて自由度は高かったと思う。

もちろん、それでも共産圏の国の一般的な家庭はお世辞にも裕福とは言えなかった。ペトロヴィッチ家は大きなパン工場で働く父ヴィカと専業主婦の母ミロンカ、2歳上の姉リヤナ、そして私の4人家族。国から支給される小さな家で暮らしていた。

ちなみに私の名前であるミハイロは伝統的なセルビアの名前だ。英語圏ならマイケル。ドイツ語ならミハエル。スロベニアではミハで、オーストリアではミシャと呼ぶ。同じ名前でも場所によって呼び方が違う。日本で呼ばれるミシャは、オーストリアでの呼び名ということになる。

日本も昔はそうだったかもしれないが、ユーゴではどこの家庭も、息子の誕生を望んだらしい。娘はやがて嫁いでいくが、息子は家を継ぐからだ。ペトロヴィッチの名が残り、伝統が守られるという考えがあり、両親も私の誕生をとても喜んだという。

そういえば、たまにチキンの丸焼きが食卓に並んだのだが、母は決まって私に美味しい足の部分を取り分けてくれた。姉はいつも私が苦手なムネ肉の担当になる。跡継ぎである長男をちょっとだけ贔屓《ひいき》してくれていたのかもしれない。

幼い頃は、貧しかった。庭付きの一軒家と言うと聞こえはいいが、多くの人が想像するような家ではない。キッチンと寝るための部屋が1つあるだけ。キッチンの竈門《かまど》に薪《まき》をくべて火をおこし、寒い日にはそこで暖を取らなければならなかった。そして体が温まったら一つだけあるベッドに潜り込み、家族4人で身を寄せ合って眠ったものだ。

家にはまだ水道が通っておらず、玄関から50メートルくらいの場所にある井戸に毎日、水を汲みに行った。トイレも家の外。雪が積もる冬はとくに大変で、家族の中で誰が最初にトイレに行くか、様子をうかがうのが日課だった。最初に用をたす人が雪を踏み固めてトイレまでの道をつくる係になるからだ。それが嫌だから幼い頃から私は日々、家族と駆け引きしていた。

現代人からは想像もできない暮らしぶりかもしれない。ただ、子どもの頃はそれが当たり前だった。何の不満もなく、自分の境遇を恨んだことなどなかった。

父の仕事が休みになる日曜日には、母が肉を焼き、スープを作ってくれた。当時の私にとってはご馳走だ。お湯を沸かして風呂に入れるのも日曜日だけだった。近所には同じような家庭がいくつもあって、みんなが協力して暮らしていた記憶がある。協力するのが当たり前というか、協力なしには暮らせなかったというか。隣近所の人たちと料理を持ち寄って一緒に食事を取る機会も頻繁にあった。

私について、よくコミュニケーションの取り方がうまいとか、オープンマインドを持っているとか言う人がいるが、そうだとすれば、子どもの頃のこうした環境が少なからず影響しているのだと思う。

父親は、ひと言で表現するなら「いい人」だった。知り合いに何かあれば、迷わず助ける、そんな人間だ。しかし月初めだけはその行動に注意を払わなければならなかった。基本的には真面目なのだが、給料日に自由を与えると、そのまま飲みに行ってしまう、悪い父親に変わるからだ。

務めていたパン工場の労働時間は、朝６時から午後２時までの８時間。給料日になると、母は姉と私を連れてたびたび父を迎えに行った。子ども連れで迎えに行けば、さすがに飲みに行かないだろうという母の作戦だ。彼女の戦略はたいてい効果を発揮した。

母は、ペトロヴィッチ家の女王様だった。家族のためなら何でもやる人で、みんなが困難に直面しないように常にいろいろなことに気を配っていた。家族のために生きた人。セルビアには肉をキャベツで包んだポピュラーなサルマという料理があるのだが、私は母の作るサルマが好きで、いつもそれが食卓に並ばないかと楽しみだった。

姉もそんな母の影響か、とても優しく、芯の強い人。私にとってはみんなが自慢の家族。そんな家族の大きな愛情の中で私は育った。

見分けがつかないストリートサッカー

サッカーとの出会いがいつだったのか、はっきりとは覚えていない。ユーゴの貧しい家庭の少年は皆同じで、物心ついたときにはボールを蹴っている。遊びと言えば、ボール一つあればできるサッカーしかなかったからだ。私も家の前のストリートや空き地で毎日のようにサッカーをしていた。

日が長い夏場は夜までボールを追いかけた。夕方になると母や友だちのお母さんが油を塗ったパンを持ってきてくれた。特別美味しかったわけではなかったが、夕飯を取るために家に戻る時間がもったいないから、その硬いパンを頬張りながらサッカーを続けたものだ。

サッカーに明け暮れる中で、いつしか人と違うことをしようという気持ちが芽生えた。遊びではあるものの、競争はそれなりに存在するから、うまい子どもは一目置かれる。私は、テクニックはもちろん、アイディアや発想でも何かを見せたいと思うようになった。ある意味では人と違うことをやりたいと考える私の原点と言えるかもしれない。

当時はチームの分け方も曖昧で、その上みんなが似たようなシャツを着ているものだから、ひと目見るだけでは敵か味方か分からない状態だった。それでも不思議なことに誰もが間違えることなくプレーできていた。

俗に言うストリートサッカーから育ってきた選手は、狭い場所でボールを扱うテクニックを持つと言われる。だが、私が最も特徴的に思うのは一瞬で敵と味方を認識する力に優れているという点だ。例えば、日本のJリーグのチームで、ビブスによって色分けせずに練習をしたらどうだろう。選手はまともにプレーできないかもしれない。
実際、これまで率いたチームで何度もそういうケースを目にしてきた。

パスを受ける前に味方を認識し、その際に色に頼らずとも人を把握する。シチュエーションによって味方の位置を理解しているから、どこにパスを出せばいいか、自分がどこへ動けばいいか分かるというわけだ。そういう感覚を養えるのが、ストリートサッカーなのではないだろうか。

イビチャ・オシムさんも日本では多色ビブスを用いて複雑なトレーニングをしていたと聞いたが、私にとってそれはとても興味深い話だった。日本の選手に足りない感覚を養う方法として採用していたのだろう。

最近ではボールを蹴ることが禁止されている公園もあるようだ。そういう状況も踏まえて、日本でどのようにして未来のサッカー選手を育てていくのか。豊かになって失われたものがあるし、与えられないことが成長を促すケースもある。こうした昔の経験や体験から学ぶことは大切かもしれない。

ヒントはどこに転がっているか分からない。

「将来、レフ・ヤシンになって稼ぐよ」

8、9歳の頃だろうか。近所には年上が多かったので、同年代よりも少し上の少年たちに交じって遊ぶようになった。そうすると、年下の私は大概ゴールキーパーをやらされる。最初は少しでもボールに触りたいから不満に思っていたが、しばらくすると楽しめるようになっていた。ずいぶん大人になってから母に聞いたのだが、「将来、レフ・ヤシン（※1）みたいになってお金を稼ぐ」と言っていたらしい。

子どもながらに、当時の社会を理解していたのかもしれない。ユーゴで私のような家庭環境にある人間がより良い暮らしをしたいと思ったら、方法は二つしかなかった。それは共産党の政治家になるか、スポーツ選手になるかだ。政治家はいろいろと利権を手にして富を築けると何となく分かっていたし、スポーツ選手になれば多くのサラリーを手にすることができると思っていた。私がサッカー選手になる夢を持つのは自然なことだったのだ。

初めて本格的にチームに所属したのは13歳のときだった。地元FKロズニツァのジュニアチームでプレーし始めた。1919年に設立されたクラブだ。私が加入した当時はまだまだ古びたスタジアムに過ぎなかったホームのスタディオン・ラガトルは、2023年に改装され、今では屋根付きの素晴らしい施設になっている。

最初は15歳の少年たちと一緒にプレーした。すでにゴールキーパーではなく、ポジションはミッドフィルダーだった。とは言っても今のように細かくポジションの役割が定められていた時代ではない。だいたい中盤でプレーする選手だったという言い方が正しい。

やがてユーゴ国内のいろいろな大会に出るようになり、15歳でユーゴの選抜チームにも選ばれた。そのときに私のプレーを見たレッドスター・ベオグラード（ツルヴェナ・ズヴェズダ）のスカウトが自宅に来て、「ユースチームに入らないか」と誘われた。オファーは素直にうれしかった。本格的なプロ選手に近づいた気がしたからだ。でも、当時は田舎町に住む一人の少年に過ぎない。家族と離れて暮らした経験のない私にとって、それはとても難しい決断だった。

結局、ベオグラード行きを決めるのだが、いざ家を出るとなると、家族と離れたくない思いが募って涙が止まらなかったことを覚えている。ミシャ少年にとっては、とてもショックな出来事だったのだ。

ベオグラードで初めて路面電車を見たし、信号も渡った。夜道に明かりがあること自体、私にとっては大きな驚きで、いきなり別世界に飛び込んだかのようだった。

しかし案の定、そんな生活は長くは続かなかった。すぐにホームシックになってしまったのだ。半年後には、ベオグラードからロズニツァに戻っていた。

FKロズニツァでトップチームデビュー

運命はどう転ぶか、分からないものだ。私にとって帰郷は都落ちに等しく、大きな挫折だった。しかし、16歳になるとFKロズニツァのトップチームでデビューを果たす。FKロズニツァではヴォイン・ラザレヴィッチの指導を受けた。ユーゴスラビア代表やレッドスターでプレーしたFWで、1967―68シーズンから3連覇したレッドスターの伝説的な人物だ。現役を終えて指導者になった彼のチームで実力をつけ、トップでもプレーするようになった。

当時3部リーグだったFKロズニツァで頭角を現すと、18歳のときには2部のFK

ラド（・ベオグラード）へ推薦される形で移籍した。1976年6月のことだ。ラドを率いていたのは、ラザレヴィッチ監督の元チームメイトであるドラガン・ググレタ。彼もまた現役時代はユーゴ代表でプレーした元選手で、のちに私が所属するスロベニアのオリンピア・リュブリャナでプレーした経験もあった。

ラドとはセルビア語で「アルバイト（労働）」という意味だが、国内有数の建設会社が所有しているチームで2部ながら資金力があった。私がステップアップするには申し分のないクラブと言えた。

当初聞いていた契約金は5000マルク。現代の移籍市場からすれば少額に過ぎないが、それでも当時の私には大金だ。最終的には倍の10000マルクが支払われ、そのお金で私は実家に水道を通し、ボイラーでお湯を沸かせるようにしてトイレも併設した。家族の暮らしがずいぶんと豊かになったのは言うまでもない。

すでにゴールキーパーではなかったものの、少年時代に母と交わした約束を一つ果たすことができた。あのときの家族の笑顔は今でも忘れられない。人生において、サッカーとの出会いを最初に感謝した瞬間だ。

私も少しは大人になっていだのだろう。二度目のベオグラード生活ではホームシックにならなかった。ミッドフィルダーとして力を発揮し、ユーゴスラビアのU－21代表にも選出されるようになる。

そして1978年1月、レッドスターに再び加入した。

チトーよりも稼いでいるミシャ？

当時のレッドスターは代表クラスの選手がゴロゴロいて、若手の一人に過ぎない私にはなかなか出場機会が回ってこなかった。監督のゴイコ・ゼツの信頼をつかむことができず、ほとんどが途中出場。おそらく7、8試合にプレーしただけでシーズンを終えたと思う。

若手がビッグクラブで試合に出るのは今も昔も簡単ではない。

そういう状況だから新天地を求めることになった。翌シーズンにNKオリンピア・リュブリャナにレンタル移籍した（注・リュブリャナはスロベニアの首都。ドイツ語名はライバッハ）。

日本から見れば、セルビアもスロベニアも遠い国だろう。大した違いはないと思うかもしれないが、実は言語も異なり、文化も違う。だから私にとっては知らない土地のクラブへの移籍であり、大きな挑戦だった。

スロベニアはユーゴスラビアの中でも豊かな地域で、イタリアとオーストリアに国境が面しており、西側諸国の影響を多分に受けていた。生活面においても他の地域とは一線を画していたと言っていい。

すぐにリュブリャナでプレー機会を得た私は、その活躍が認められてユーゴのU－21代表に引き続き選出され、A代表にも選ばれた。その頃、代表選手はほぼユーゴのトップ4、レッドスター、パルチザン・ベオグラード、ディナモ・ザグレブ、ハイデゥク・スプリトから選ばれていたので、私の選出はレアケースだった。1980年に行なわれたスペイン・ワールドカップ予選のイタリア戦では、わずかな時間ながらピッチに立っている。それが私にとって唯一のA代表での試合になった（イヴェ・ジェロリモフに代わり88分から出場／●0－2／イタリアは本大会で優勝）。

自分で言うのは照れくさいのだが……リュブリャナではわりと人気のある選手だっ

たと思う。ピッチでのプレーはもちろん、オープンな性格が受け入れられていたのかもしれない。今とは環境がずいぶんと違って、試合が終われば、仲間はもちろん、サポーターともお酒を酌み交わしたものだった。ドンチャン騒ぎも許容されていた時代だ。たとえ試合に敗れても、殺伐とした雰囲気など微塵もない、みんながサッカーをそれぞれの立場で謳歌している良い時代だった。

昔のサポーターは心からクラブを愛していた。でも今はどうだろう。多くのサポーターがクラブよりも結果を愛しているようだ。そのことによって選手とサポーターの距離感も大きく変わってしまった。時代が違うと断じるのは簡単だが、いったいどちらが幸せなのか。考えずにはいられない。

リュブリャナでプレーしている間には、レッドスターからミシャを戻したいという話が何度かあり、他のトップ4クラブからもオファーを受けた。ただ、リュブリャナで妻ブレダと知り合い、交際していたこともあって移籍は実現しなかった。スロベニアの暮らしが性に合っていたこともあるし、タイミングも合わなかった。結局、私は1984年の6月までチームに留まった。

移籍のオファーが届いたこともあり、リュブリャナで契約を更新する際には当然、サラリーが上がった。お金をしっかり稼げるようになって、故郷ロズニツァに新しい家を建てた。

ＢＭＷ３１８Ｅという車を購入したのも、この頃のことだ。スロベニアで運転していると道行く人が珍しがって私の車を見た。信号で止まっているときに運転席を覗き込まれたこともある。当時のユーゴはフィアット製の少し小さめの車が主流で、ＢＭＷは珍しかったのだ。

地元の新聞に『ミシャ・ペトロヴィッチはチトーよりも稼いでいるんじゃないか？』という記事が載ったこともあった。まったくそんなわけはないのだが、貧しい子ども時代からすれば考えられないような成功を手にしたのは否定しない。

私は同世代のサッカー選手の中で成功した一人と言われていた。

亡命すれば可能だったイングランド移籍

選手として充実した時間を過ごす中で、１９８１年には国外移籍のチャンスが訪れた。トレーニングキャンプでイングランドに行ったとき、ジャッキー・チャールトン（ボビー・チャールトンの実兄）が率いていたシェフィールド・ウェンズデイと対戦した。ジャッキーはミドルズブラやニューカッスル、アイルランド代表で指揮を執った人物だ。彼は私を高く評価し、試合後に宿泊先まで来て「ここに残ってほしい、このままチームに来てほしい」と熱烈なオファーをくれた。2日連続でホテルに訪ねてきたことを覚えている。

金額は申し分ないものだったし、正直、イングランドでプレーしてみたい気持ちもあった。しかし、国の事情がそれを許さなかった。当時のユーゴスラビアは28歳になるまで国外移籍が禁じられていたのだ。

23歳の私は当然、国外へ移籍できない。そのままイングランドに残るということは、すなわち亡命するということだ。身内に亡命する人間が現れたら、国内に留まる親族がどんな扱いを受けるか分からない。今では考えられないが、当時はそういう社会状況だった。

牢屋に入ることはないにしても見せしめのためにある地域に隔離され、つらい生活を強いられる可能性もある。家族をそんな目に遭わせるわけにはいかなかった。今でも移籍交渉にはさまざまな事情が絡み合うものだが、旧ユーゴ時代はそういう事情もあったのだ。

イングランドのクラブとは縁がなかった私だが、1984年に国内のディナモ・ザグレブに移籍した。プレーしたのは1年で、1985年の6月まで所属していた。当時の監督はブランコ・ゼベツ。ユーゴスラビア代表でも指導者としても多くの実績を残した人だ。

ドイツのハンブルクを率いていた時代にはチャンピオンズカップ（UEFAチャンピオンズリーグの前身）決勝にチームを導いている（1979－80シーズン）。彼は「ミシャがどうしてもほしい」と言ってくれたが、自分のキャリアを振り返るとき、この移籍は失敗だったと言える。試合には出ていたものの、自分では全く力を発揮できなかったと思うからだ。

そのため、わずか1年でチームを離れた。翌シーズンにはオーストリアのシュトルム・グラーツに移籍する。ドイツの1860ミュンヘンやカールスルーエからもオファーを受けたが、そのとき交際中だったブレダが妊娠5カ月で、移籍するにも彼女の実家があるリュブリャナから遠くない場所にしたかった。

そこで選んだのがオーストリアのグラーツだった。子どもが生まれてからも、私が遠征で留守の際に妻がすぐに実家に帰省できるほうが、都合がいいと考えた。

28歳になる年に、初めて国外のクラブでプレーすることになった。

ビザ取得のために準備した結婚式

シュトルム・グラーツ移籍時に起こった、興味深い話を教えよう。これから結婚を考えている人の参考になるかもしれないエピソードだ。

妻のブレダとはザグレブで一緒に暮らしていたが、まだ結婚はしていなかった。でもグラーツは国外クラブなので、一緒に行くには彼女にもビザが必要だ。私は仕事で行くので労働ビザを取得できるが、恋人という立場では長期滞在ビザが出ない。当時は籍だけ入れればいいという社会ではなく、結婚式を挙げる必要があった。だから私は彼女に相談するよりも先に急ピッチで結婚式をオーガナイズした。

ブレダには「週末、ロズニツァで一緒に過ごそう」とだけ言って私の実家に連れていき、式の前日にコーヒーを飲みながら「明日、結婚式だから」と伝えた。

私の考えが浅はかだった。彼女の表情は見る見るうちに変わり、泣きながら「ノー」だと言い出した。「何も準備していない！」と怒り始め、「もう結婚したくない」と言われて、私は慌てふためいた。

彼女は妊娠していたし、一緒にグラーツに行くにはビザが必要だ。悠長に構えている時間はなく、結婚式を挙げるならその日しかない。彼女のパスポートもツヴェニアク姓をペトロヴィッチ姓に変えなければならない。私としてはグラーツ行きのために最善の策を実行したつもりだった。

とにかく彼女の怒りを収めるように説得するより他なかった。人生で、あのときほど必死になったことはないかもしれない。言葉の限りを尽くし、何とか結婚式を行うことになった。

ビザも滞りなく取得できたのだが、1年後のシーズンオフに彼女の実家があるリュブリャナで大きな結婚式を挙げ、さらにロズニツァでももう一度、式を挙げることになった。都合3回、結婚式を挙げたわけだ。

何事も事前の準備は重要だ。ただし、周囲の人々の理解を得るための説明を怠ってはならない。とくに恋人や妻には……。

サッカーでは常々、リスクを冒せと選手に言ってきたが、人生においては、とくに結婚においてはリスクマネジメントが必要なのかもしれない。

私が人生の大きな教訓を得た出来事だった。

妻ブレダとの出会い

そもそもブレダとは、出会いからして「普通」ではなかった。初めて彼女に会ったのは、私がオリンピア・リュブリャナに移籍した1978年の夏だったと思う。最初にアプローチしたのは私だが、思い返しても、とてもハードな戦いだった。

スロベニアの首都リュブリャナは綺麗な街で、夏は市内を流れるリュブリャニツァ川の畔にあるお店やオープンカフェ、ビアガーデンで過ごすのが定番だ。ある日、私も仲間と出かけて食事をしていた。そのとき、近くのテーブルにいたのがブレダだった。

「綺麗な人がいるな」と思った私は、店のウェイターに私の名前を明かさず、飲み物を持っていってもらった。

彼女は怪訝《けげん》な顔をして「誰から？」と尋ねていたが、店員には「私の名前を絶対に言うな」と念押ししてあった。その後も、他のお店で彼女を見かけるたびに、必ず匿名で飲み物を差し入れた。

そんなことが何回か続いたあと、あるとき向こうから私に飲み物が届けられた。おそらく店の人が我慢できずに私のことをバラしたのだろう。彼女は気の強いところがあるのか、誰だか分からない相手に奢られっぱなしでいるのが嫌だったようだ。それがきっかけになってやり取りが始まり、いつしか交際するようになった。

この話を聞いて、最初から声を掛ければいいのに、と思うかもしれない。私が女性に対してシャイだから直接コミュニケーションを取らなかったと考える人もいるだろう。あながち間違いではないが、他にも理由があった。

すでに説明したとおり、セルビア語とスロベニア語は同じようで実は大きく違う。当時の私はリュブリャナに移籍したばかりで、まだスロベニア語をしっかり話せなかった。彼女に話し掛けたところで会話が1分と持たないのは目に見えていた。だから話し掛けようにも話し掛けられなかったのだ。

スロベニア語を話せるようになるにはそれなりに時間がかかる。だが、それでも彼女と接点は持ちたい。そこで飲み物を贈るという『遅攻』を思いついた。

それにもう一つ、当時のユーゴではスロベニアは一つ上のレベルにある地域と認識されていたという事情もあった。スロベニア人の彼女がセルビア人である私を下に見るかもしれないと気後れしてしまったのだ。

実際、交際し始めてから、彼女が私を両親に会わせるときに「セルビア人の彼を認めてもらうには、どういう方法がいいか」と考えを巡らせていたくらいだ。それくらい昔は地域格差が存在したのだ。

ただ、どうだろう。私の攻め方は結局、正しかったと言える。ハードな戦いにすべて勝利し、その結果、私たちは今も夫婦であり続けている。

初めての国外移籍でグラーツへ

1985年のシュトルム・グラーツへの移籍は、オーストリア代表やクロアチア代表監督も務めたクロアチア人のオットー・バリッチの推薦がきっかけだった。中盤の選手を探していたクラブがかつて監督だったバリッチにアドバイスを求め、私を推薦したのだ。当時のグラーツの監督はイバン・マルコビッチ。ザグレブまで私を見に来て直接オファーをもらった。

グラーツでは中盤で攻撃的な役割を担った。求められる仕事は高いレベルで出来ていたと思う。2年後にイタリアのアスコリからオファーが届いたことが、その証拠だ。ただ移籍は実現しなかった。当時はまだボスマン判決（※2）以前で、契約が切れても選手のパス（保有権）はクラブが所有する決まりだった。結果、グラーツは高い移籍金を設定し、私は留まることになった。

もちろん、アスコリからのオファーの影響で新契約はより良い条件となったが、あのタイミングでイタリアに行っていたらどうなっていただろう。あるいはザグレブからグラーツではなく、ドイツのクラブに移籍していたら私のキャリアはどうなっていただろうか。１８６０ミュンヘンもカールスルーエもグラーツより大きなクラブで、その後の人生はおそらく変わっていたはずだ。だがそうなれば、オシムさんと出会うこともなく、日本で監督をすることもなかったかもしれない。

結局、現役の最後までグラーツで過ごすことになったが、多くの愛情の中でプレーできた私は、自分の人生に心から感謝している。大金や名声を得るよりも、その環境の中でいかに幸せを感じられるかが、人生では最も重要だ。日々の暮らしで幸福を実感できるかどうかが大切だと私は思う。

グラーツでプレーし始めた１９８５年10月に長女が生まれた。名前はペトラ。由来は……実は息子だったらペーターと名付けようと思っていた。でも女の子だったので、ペトラにした。グラーツでの生活は、われわれにとって幸福に満ちたものだった。ちなみに次女は１９９８年生まれで、名前はリナ。二人の娘に恵まれ、ペトロヴィッチ家はとても騒がしくなったが、さらに楽しい日々を過ごすことになった。

幸せの形は、人それぞれだ。テレビで見るような大富豪の生活が、私にとっての幸福ではない。例えば家族や友人が幸せなら私も幸せだ。子ども時代の友人は今でも友人関係にあるが、彼らが困っていれば何でもしたいと思うし、彼らが幸せなら私も幸せでいられる。そういう関係が築けていることは、富を得て派手な暮らしをすることよりも何倍も価値がある。

人は、人との関係の中で生きている。周囲の人が幸せなら自分も幸せな気持ちになるものだ。だから大切な人と心を通わせながら生きていきたいと思うし、信頼関係を築くことが重要だと感じる。

今の世の中ではお金が何よりも価値のあるものだと思われがちだが、私はそうは思わない。ときには昔を振り返り、失われた価値観を思い出してほしい。これは67年生きてきた私の偽らざる気持ちだ。

外国人選手に今も昔も必要なこと

グラーツでは当然、私は外国人選手の扱いだった。のちに3人になるが、加入した当初は1チームに2人の外国人選手しかプレーできなかった。助っ人外国人である私はオーストリア人選手たちよりも常にベターな存在でなければならなかったし、期待されるものも当然、大きかった。

今とは時代が異なり、オーストリア人やドイツ人はまだまだ保守的な考え方の人が多かったと思う。外国人を受け入れにくい環境だったと言っていいだろう。陸続きではあっても国境には必ずパスポートコントロールがあり、ビザがなければ入国できない世の中だ。とくに共産圏の国と西側の国との間にある壁は高く、車で国境を越えるときには徹底的にチェックされ、ストレスが溜まったものだった。全てがオープンになって、ＥＵ圏内ならどこにでも行ける現代人からは想像つかない世界だろう。

チーム内ではすごくフレンドリーな選手がいた一方で、外国人を好ましく思っていない選手もいた。私がプレーでミスをすれば、「シャイセ、ユーゴ！（ユーゴ野郎！）」と声が飛んだ。旧ユーゴ出身の選手が私以外に2人いて、彼らがコミュニケーション面で助けてくれたものの、加入当初の私はオーストリアの母国語であるドイツ語を話せず、本当に苦労した。そして試合に負ければ、全てが助っ人外国人のせいにされた。

それでも攻撃的なミッドフィルダーとして何試合かプレーするうちに信頼を勝ち取った。パスやドリブル、チャンスメイクで他の選手との違いをピッチで見せて、実力を認めさせたのだ。結局、選手はプレーでしか、チームに溶け込むことはできない。これは今でも変わらない万国共通の真理だろう。

グラーツでは8シーズンにわたってプレーしたが、毎シーズン最後にサポーターの人気投票があった。そして私は毎年、一番人気を得る選手になった。それは今でも私の大きな誇りだ。２００９年にシュトルム・グラーツは創設１００周年を迎え、記念パーティーが催された。１００年の歴史の中のベストイレブンを選ぶという企画では、私も晩年にプレーしていたリベロのポジションで選出されている。それはとてもうれしく、光栄な出来事だった。

グラーツ加入から3年ほどプレーした頃だろうか。当時のオーストリア人監督のウォルター・ルーデシャーが、私をリベロにコンバートした。現役時代は無名で、確か教師をしていたこともあったルーデシャーだが、後ろからしっかりとボールをつなぐことにこだわる指揮官だった。

私以前にリベロをやっていたオーストリア人選手は、どちらかというと典型的なストッパータイプで、足元が得意なほうではなかった。そこで指揮官は私に白羽の矢を立てたわけだ。今振り返ると、ルーデシャーは長年、チームでキャプテンを務めていたその選手を外し、よく私をリベロに据えたと思う。

このコンバートは、のちに指導者になった私のチーム作りにも少なからず影響を与えている。カズ（森崎和幸）や裕樹（宮澤）の例が、まさにそれだ。ボールを動かせる選手を後ろに置くという発想には重なる部分がある。

中盤の選手が狭いスペースでプレッシャーに晒されながらボールを扱わなければならないのに比べて、リベロはほとんど前向きにボールを持ち、ある程度、余裕も持ってプレーできた。今は前線からプレスをかけるのが当たり前だが、昔はディフェンダーが相手のフォワードのプレッシャーを受けるケースなどほとんどなかった。そのことで生まれるメリットを、私は身をもって体験したわけだ。

ボールに触れる回数が増え、私自身、すごく楽しんでプレーすることができた。後ろから前に出ていく楽しさを知ったのもこの頃だった。

1970年代にフランツ・ベッケンバウアー（西ドイツ代表でリベロの始祖と言われる選手）という存在はあったにしても、当時は多くのセンターバックがまだまだ守備に特化していた時代だ。私がリベロでプレーし、後ろからドリブルでボールを運び、パスで相手を剥がしていくと、必然的に相手の守備組織が崩れていった。

もちろん当時のままということではないが、私が作る現在のチームにつながっている部分は、やはりあると思う。

現役引退、そして指導者の道へ

1993年6月、私は現役を引退した。35歳。もう少しプレーできるとは思っていたが、今ほどスポーツ医学が発達していなかったこともあって、肉体的に限界が来ていたのは事実だ。

股関節や腰に問題を抱え、昔ほどは動けなくなっていた。そこへ若い選手が台頭してきて、最後のシーズンは主軸としてプレーする機会も減っていた。引退が現実味を帯びていく中で、とくに終盤の3カ月は私自身、悩みながら過ごした記憶がある。

引退するということは、トレーニングを繰り返す日々が終わるということでもある。そのサイクルが失われると、現役を退いたあとに、どう過ごしていいか分からなくなる選手は多い。実際、私もそうだった。結局、指導者ライセンスを取得することになるのだが、スパイクを脱いだあとしばらくの間は、やはり気持ちを整理するまで時間がかかった。

退団する際に起きた揉め事も、私を大いに悩ませた。1992年12月にハンネス・カルトニックがシュトルム・グラーツの会長になった。彼はサポーター出身で、会社経営で成功し、やがてクラブの会長になった男だ。

街で食事をしているときに私を見かけ、「ミシャ、この間のプレーはブラボーだった」と声をかけてくるようなサポーターの一人が、のちにイビチャ・オシムを監督に招く会長になったわけだ。

私が退団した当時、一つのクラブで3年以上プレーした選手には、いわゆる功労金のようなものが支払われる決まりがあった。私は8シーズン、グラーツでプレーしていたので、5カ月分くらいのサラリーを受け取る権利を持っていた。しかし、彼は一切払わないと主張した。当然の権利を突然反故にされて対立することになってしまった。

オシムさんも2002年にグラーツの監督を辞めるときに同じようなことが起きている。カルトニックは功労者であるオシムさんへの誹謗中傷を繰り返した。オシムさんは当然の権利を行使すると裁判を起こし、クラブを訴えた。

私も裁判を起こすことはできたと思う。だが結局、裁判は起こさなかった。最終的には支払われるべきサラリーの半分を受け取ることで了承した。私自身は早く煩わしいことから逃れて、次に進みたいと思っていた。私の例からもオシムさんの話からもカルトニックがどういう人物か想像がつくだろう。

彼は優秀なビジネスマンであったし、オシムさんの招聘に成功し、イタリアのスター選手だったジュゼッペ・ジャンニーニというビッグネームも連れてきた。ＵＥＦＡチャンピオンズリーグに初めてグラーツを出場させ、クラブを大きくした功績はある。ただ一方で、後に債権者に対する重大な過失の罪で逮捕されるなど、極めて問題が多い人物であることも確かだ。前述のクラブ創設１００周年記念パーティーにも招待されなかった。その事実が、カルトニックという人物をよく表している。

２０１７年のことだ。私が浦和レッズで監督をしているときに突然、訪ねてきた。そのときは揉め事など何もなかったかのように彼は振る舞った。厚顔無恥というか何と言うか。そういう男だから、こちらがバカ負けするしかなかった。

現役引退後、しばらくして私は指導者ライセンスを取得するのだが、その頃はまだＵＥＦＡプロライセンスが存在せず、Ａカテゴリーが最上位だった。ＣがＵ―15、Ｂはセカンドリーグで監督をすることが可能で、私はプロ選手としてある程度、活動していたので自動的にＣライセンスを取得していた。

最初に指導したのは、オーストリアのハルトベルクにあるＳＶペラウ。そこで１９９６年まで仕事し、その後グラーツに指導者として戻る。オシムさんがグラーツの監督になった2年後のことだった。

【注】

※1＝レフ・ヤシン

１９２９年10月22日生まれ（１９９０年３月20日没）のソビエト連邦モスクワ出身のサッカー選手で、『史上最高のゴールキーパー』と称されることも多い。

クラブではディナモ・モスクワ一筋で20年以上プレーし、リーグ戦３２６試合出場。リーグ優勝５度、ＵＳＳＲカップ優勝３度を誇り、ソ連代表としては通算78試合に出場。オリンピック優勝１度、欧州選手権優勝１度。ＦＩＦＡワールドカップには１９５８年のスウェーデン大会、１９６２年のチリ大会、１９６６年のイングランド大会、１９７０年のメキシコ大会と４大会に出場し、通算13試合でゴールを守った。なお、１９６３年に現在までＧＫで唯一となるバロンドールを受賞している。

また、ＦＩＦＡワールドカップの大会最優秀ＧＫに与えられる賞には、１９９４年大会から２００６年大会まで〝ヤシン賞〟と名付けられていた（現在はゴールデングローブ賞）。

※2＝ボスマン判決

１９９５年12月15日に欧州司法裁判所で出された判決で、ヨーロッパ連合（ＥＵ）に加盟する国の国籍を所有するプロサッカー選手は、前所属クラブとの契約を完了した場合に、ＥＵ域内の他クラブへの自由移籍が保証され、その際クラブ側は選手の所有権を主張できず、かつＥＵ域内のクラブはＥＵ加盟国の国籍を持つ選手を外国籍扱いにできないとした。

シュトルム・グラーツ時代のミシャ。華麗にタックルをかわす
＿ ©Sammlung Sturm Graz / Fischer

右から長女ペトラ、ミシャ、妻ブレダ、次女リナ
＿ ©Mihailo Petrovic

現役時代のミシャ
＿ ©Mihailo Petrovic

第2章

1993年～2006年

オシムさんとの出会い

ユーゴ内戦、分離独立の中で

イビチャ・オシムさんの話をする前に、われわれを取り巻いていた当時の状況とユーゴスラビアについて説明したほうがいいだろう。まだシュトルム・グラーツでプレーしていた1991年、故郷のユーゴスラビアでは民族紛争が激化し、内戦が起こった。私自身は1985年に国を離れ、オーストリアにいたので旧ユーゴの解体を目の当たりにした人間ではない。私の家族も田舎に暮らし、戦火とはほぼ無縁だった。だから渦中にいたオシムさんとは感じ方が違うかもしれない。

今の若者のうち、80パーセントくらいはきっと旧ユーゴのことを良く思っていないだろう。でも私の世代の中にはパーフェクトな国だったと振り返る人も多い。

ユーゴには3つの宗教が存在した。キリスト教のカトリックとギリシャ正教、そしてイスラム教だ。スロベニア人とクロアチア人は主にカトリックで、セルビア人やモンテネグロ人、マケドニア人は主に正教を信仰していた。ボスニア人は主にイスラム教だ。

でも例えばアンダー世代、あるいはA代表で活動するとき、私には誰がどの宗教を信仰しているかなんて分からなかった。当時の家庭を見ても、夫がカトリックで、妻がイスラムという夫婦がたくさんいたし、それは普通のことで、隣近所、みんなが仲良く暮らしていた。だから、あのような形でユーゴが崩壊していくなんて、少なくとも私の周りは誰も思っていなかった。

そんな国がどうして解体したのか。その理由については歴史の文献に詳しいのでここでは細かく説明しないが、なぜ仲良く暮らしていた人たちが突然、銃を手に取り、一方が土地を追われ、別の地域に住まなければならなかったのか。私にとっては全くバカげた話としか言いようがない。

内戦が始まったときに、次男セミリアとともにベオグラードにいたオシムさんはサラエボに残していた奥様のアシマさんと長女アーマに何年も会えなくなってしまった。長男アマルはフランスにいて難を逃れたが、何とも悲しく許せない話だ。

そういうケースが他にもいくつも起こっていたわけで、いかに愚かな紛争だったのかが分かるだろう。

ユーゴスラビア代表とともに軍隊のチームであるパルチザン・ベオグラードでも監

督を務めていたオシムさんは、このまま仕事を続けられないと監督を辞して、ギリシャのパナシナイコスの監督になった。妻と娘をサラエボに残したまま、ギリシャに赴任したときの思いは私には分からない。ただ、深い悲しみと強い意志がそこには同居していたように思う。

その後、彼は1993年にシュトルム・グラーツの監督になった。カルトニック会長はそれまでオシムさんと接点はなかったはずで、クラブのスポーツディレクターにかつてアヤックスでも活躍したハインツ・シルヒャーが就任したことがきっかけになった。オシムさんが現役時代にストラスブールで一緒にプレーした人物だ。

オシムさんが、再び奥さんや娘さんと再会できたのは、グラーツで監督を務めているときだった。

オシム監督のもとでコーチに

1993年からペラウでアンダー16を指導する仕事を始めていた私は1996年、グラーツに戻った。カルトニックとは揉め事があったものの、セカンドチーム（3部リーグ）の監督を務めることになったのだ。そのとき、私をサポートしてくれた一人がオシムさんだった。

それ以前に特別な親交があったわけではない。でも、何かと気にかけてくれた。彼は本当に偉大な人で、私よりもずっとユーゴスラビアを愛していた。だからこそ紛争を許せなかったし、毅然と立ち向かったのだと思う。


彼との思い出は尽きない。そもそも私が日本で仕事をするようになったのも、オシムさんの影響だった。彼が日本でジェフユナイテッド市原の監督を務めたことで、現地の新聞にたびたび日本サッカーに関する記事が掲載されるようになった。だから私もそれまで全然、知らなかった日本サッカーの存在を意識するようになったのだ。

オシムさんとは、本当にいろいろな話をした。ワインを飲みながらサッカーについて語り合い、朝を迎えたことが何度もある。時計の針が朝4時を指す前に、彼がベッドに入ることはなかった。一度、サッカーの話になったら会話が終わらないのだ。アシマ夫人が呆れ顔で「今日も朝まででしょう」とよく笑っていた。

私の人生において、オシムさんと語らったあの時間は掛け替えのないものだ。残念ながら今、彼と直接言葉を交わすことはできないが、この胸の中には今なお鮮明な記憶とともに彼の言葉が残っている。

オシムさんの頭の中は誰も覗けない

現役時代から漠然と引退後もサッカーの世界で生きていこうとは思っていた。サッカーは私の人生そのもの。だから指導者の道に進み、やがて監督になるのは自然な成り行きだったのだと思う。

もちろん、キャリアの中で多くの偉大な指導者と出会ったことも大きい。例えば、ユーゴスラビア代表に招集されたときの監督、ミリャン・ミリャニッチからは大きな影響を受けた。レッドスターの黄金時代を築き、レアル・マドリードで2冠を成し遂げた指導者だ。ビセンテ・デルボスケやアントニオ・カマーチョの師匠に当たる人物でもある。オシムさんをユーゴスラビアの代表監督に押し上げる役割を担ったのも彼だった。

他にもディナモ・ザグレブ時代の監督であるトミスラフ・イヴィッチや元クロアチア代表のチロ・ブラジェヴィッチからも多くを学んだ。いずれも持っているフィロソフィーは違うが、サッカーを深く愛するという点は共通していた。

そしてオシムさんからは、指導者としてともに仕事をする中で、サッカーとはどういうものなのかを教わった。

グラーツではトップチームのコーチとともに3部リーグに所属するセカンドチームの監督も兼任したのだが、トップの監督であるオシムさんとは密にコミュニケーションを取っていた。

オシムさんの指導法については、日本でも何度も質問されてきた。そのたびに私が言ったのは、「オシムさんは特殊な人間だ」ということだ。哲学者のようで、自分が何を言いたいのか、簡単には明かさない。自分が発した言葉で、何が言いたいのかを受け取り手側に考えさせるのだ。

グラーツ時代に、こんなことがあった。何かの会合で他チームの監督と会話する機会を持ったのだが、他の監督たちはこっそりレコーダーを持参していた。録音して聞き直さないとオシムさんが何を言いたいのか、分からないからだ。

私がオシムさんから学んだのは、単なるトレーニングの方法や戦術ではない。トレーニングのやり方は書物や映像を見れば、誰でも学ぶことができるものだろう。私が彼に教わったのは1年後、数年後、未来のサッカーがどこに向かうのか、それを見極めることの重要性だった。

例えばこれからのサッカーは、スピードのあるフォワードが必要になるとか、中盤には相手の守備スタイルを踏まえてダイレクトで縦パスを入れられるような選手が不可欠になるとか。サッカーが向かう先を見定めて、戦術的なことと、その戦術を実践するために必要となる選手のタイプをキャッチアップしていた。

サッカーの進む方向を見極めていたからこそ、彼は誰よりも早く新しいサッカーを見せられたのだと思う。アイディアに富む指導者だったことは日本の皆さんも知るところだろう。

ただ、おそらく彼の頭の中は誰も覗くことはできなかったと思う。そこでは常に試合の映像がイメージされ、相手の守備がこう来たらこうやってボールを動かし、選手はこう動けばゴールを奪えるという具合にシミュレーションが繰り返されていた。話をすれば、彼が常にサッカーについて考えているのが分かる。だがそれが、何のためであり、どのように未来につながっていくかまでは知り得ない。

オシムさんのトレーニングは、始める前にあらゆるケースがイメージされている。どこにエラーが起こる可能性があるのか、そしてそれに対してどういう指導や対処が必要なのか。実際、オシムさんを見て私も真似したが、結局、同じようにはできなかった。誰もオシムさんにはなれない。やっぱり彼は特殊な人だった。

それでも、オシムさんが見ていたもの、見定めようとしていたものの重要性だけは理解できた。全く同じようにはできなくとも、自分なりのやり方でサッカーの未来をつかもうとすることは大切なことだと思う。

オシムさんとの日々は、私にとって大きな学びとなった。

１９７４年のオランダとクライフのバルサ

チーム作りや攻撃戦術を構築する中で、大いに参考になったチームがある。ある意味では私の原点と言えるかもしれない。ヨハン・クライフが率いたＦＣバルセロナだ。

１９７４年の西ドイツ・ワールドカップでオランダ代表がトータルフットボールと呼ばれるスタイルを披露し、世界に衝撃を与えたことは有名だ。それから20年近く経ち、私が現役を終える頃にはスペインの名門ＦＣバルセロナがスペクタクルに富む、美しいサッカーを見せていた。そのFCバルセロナを率いていたのが、1974年のオランダ代表の中心選手であるヨハン・クライフだった。

1980年代後半から90年代前半にかけてヨーロッパを席巻するバルセロナを見ていて、私はポジションバランスの重要性を再認識した。彼らは常に幅と深さを意識して攻撃を構築していた。

ミカエル・ラウドルップやゴイコエチェア、ストイチコフ、ベギリスタインらがウイングとして幅を取り、真ん中にもしっかり選手がいる状況を作る。相手がコンパクトに守り、ボールサイドに寄せる守備をする中でも攻撃において幅と深さを取ってスペースを生み出し、ゴールへのルートを切り開いていた。

同時期にイタリアのACミランでアリゴ・サッキがプレッシングをベースとした対照的なスタイルを持つチームを作っていたが、バルセロナのように後ろから選手が出ていくダイナミックさ、そして少し可変するようなやり方が私のサッカー観には合っていた。

当時のミランはファンバステンやフリットといった世界的にもトップのアタッカー

が数人いたものの、他の選手たちは堅い守備をして、最終局面では個の能力に頼っている印象もあった。自分が指導者になってからは、選手の違いはあっても、あのバルセロナのサッカーを参考にして自分なりに試行錯誤をしたものだった。

ネットに載っていない本当の指導歴

シュトルム・グラーツで3シーズン、コーチやセカンドチームの監督として過ごした後、私は1998年にスロベニアのクラブであるプリモリェの監督を引き受けた。当時のスロベニアはプロチームと言っても、契約したとおりにお金が払われないケースもあり、選手としても、あるいは監督としても必ずしも良い仕事ができる環境ではなかった。旧ユーゴスラビアの国では残念ながら、未だにそんな話を耳にする。数年前に浅野拓磨がパルチザン・ベオグラードと揉めていたが、現在でさえそうなのだから当時の状況は容易に想像できるだろう。実際、私も3～4カ月の間、無給だったことがある。

旧ユーゴのクラブは国営企業が母体になっていたものの、民営化されたあとは不手際が多く、スポンサーを集めたところで契約がしっかり履行されないことがあった。

どこも同じような状況だったので、私自身もあの時期はクラブを転々としている。

1年あまりでプリモリェを離れた後、1999年7月から翌年の8月までNKドムジャレで指揮を執り、2001年1月からは半年間、再びプリモリェを率いた。同じ年の7月から2002年4月までオリンピア・リュブリャナで監督を務め、2003年春から短期間NKドラボグラートの監督を引き受けた。そして8月からは3カ月間だけチロ・ブラジェヴィッチが率いていたNSムラでヘッドコーチも経験した。

いずれも当時はスロベニア1部リーグのチームだったが、環境面で難しさがあったのは確かだ。私が再び国外に出るのは、2003年の秋。スロベニアを離れてシュトルム・グラーツに戻り、監督を引き受けた。

聞くところによると、私の経歴がインターネットに載っているそうだが、現役時代も含め、この時期の指導歴はほとんどが間違っているようだ。私以外、正確に指導歴を把握している人間はいないだろう。

それくらい、いろいろな場所で活動していた。

アンダーカテゴリーを指導する必要性

私は長い間、監督を仕事にしてきた人間だが、指導者としての自分自身のキャリアを振り返るとき、最初にアンダーカテゴリーで監督を務めたことが大きかったと思っている。アンダー16であったり、若い選手の多いセカンドチームであったり、自分でチームを受け持って指導したことが、のちのちトップチームを率いる上で良い経験になった。

結局、アイディアをたくさん持ち、それをトレーニングに反映させて新たな視点でチームを作ろうと思っても、実際に監督という立場で指導にあたると想像外の出来事が頻繁に起こる。自分のアイディアに対して選手のクオリティーが足りないときにどうするのか。自分自身の判断ミスが生じたときにどう対処すべきか。それら全ては監督であるからこそ経験できることで、その全てが監督の知見として自分の中に蓄積されていく。

ここで重要なのは、ミスやイレギュラーな出来事に対する試行錯誤は、アンダーカテゴリーやセカンドチームだから許されるという点だ。つまり、そのミスを糧にしてより良いものを作り上げるトライができるのだ。

トップチームでもトライするのは重要なのだが、実験的な意味の試行錯誤を許容するクラブは少ない。厳しいプロの世界ではより勝敗の重要度が増すからだ。

プロの監督になって、自分のアイディアをチームに落とし込めなかったら指導者としてすぐに選手に見限られてしまう。現場では選手はもちろんスタッフの視線も常に監督に集まる。その点がコーチとは違う。だからこそアンダーカテゴリーの選手たちを指導して監督という仕事を理解することは重要だ。私自身はとても勉強になったし、もし指導者を志す人がいたら、私が得た学びとして伝えておきたい。

不測の事態にも動じないオシム流

オシムさんが監督で私がコーチを務めていたグラーツ時代の話だ。プレシーズンでは、まだ契約を締結していない選手やトライアルに来ているフリーの選手も含めて、30人を超える選手がチームにいた。しかし日によって抜ける選手もいて、そのたびに人数が変わった。つまり計画していたトレーニングは突然、変更を余儀なくされ、オーガナイズするのが難しい状況が訪れるわけだ。とくに若い指導者にとって、これは難題だろう。

コーチにある程度、トレーニングを任せる指導者もいるが、オシムさんは自分で直接指導するタイプだった。イレギュラーな事態が起こったときに「今日はお前が指導しろ」と言われたら「どうしよう」などと内心思ったものだが、まずそういうケースはなかった。彼はいかなる状況になっても全く動じず、自分で全てをオーガナイズしたからだ。

いつも手際よくグループを分けて、メニューを提示し、トレーニングさせていった。人数の増減は関係なく、無駄なくスムーズに。その手腕は見事という他ない。あらゆる状況が彼の頭の中に準備されているから、それができるのだ。

そもそもその日のトレーニング内容は、オシムさんしか知らず、次の日、何時からトレーニングするのかも前日のトレーニングが終わるまで分からなかった。

日本では1週間、あるいは1カ月先までスケジュールが決まっているものだが、そんなことはまずあり得ない。それがオシムさんのやり方だった。

私が来日してからずっと一緒に仕事している杉浦大輔（コーチ兼通訳）に聞いてもらえれば分かるが、私もトレーニング内容については細かいところまでスタッフに説明しない。それはなぜか。サッカーがどんな競技か考えれば分かるはずだ。ピッチ上で起こる現象にいかにフレキシブルに対応できるかがとても重要な競技だろう。選手同様、コーチングスタッフにもフレキシビリティーが求められて然るべき。これは、オシムさんの教えの一つと言える。

いくら綿密に計画したとしても、トレーニングの最初に2人がケガをしたら、メニューの変更を余儀なくされる。選手の動きが重たいとか、集中力を欠いているとか、その状況に応じてプランを変更しなければならない。今の指導者の多くはPCを使ってプランを立てて忠実に実践するようだ。ただ考えてほしいのは、選手は画面の中にいるのではなく、ピッチにいるという点だ。

監督はロボットではなく、人間と仕事をしているのであって、日々、異なる表情を見せる選手をオーガナイズしていく必要がある。これはあらゆる仕事に通ずる考え方かもしれない。毎日、同じ気分の人間など存在しないだろう。

さすがに私の場合は、選手がクラブの営業面の活動や契約するスパイクメーカーの撮影、インタビュー取材などピッチを離れてからもいくつか仕事があることを理解している。だからオシムさんと違って、前もってスケジュールは伝えるようにしていた。

日本では選手キャリアを終えて、比較的早いタイミングでプロの監督を目指すケースが多いように見える。回り道に思えるかもしれないが、やはり下のカテゴリーから積み上げていくほうが指導者として成功するのではないか。少なくとも私はそうだった。これは私自身の経験から言えることだ。

選手と監督は立場も取り巻く状況も違う。選手として15年のキャリアがあって、「自分は全部を分かっている」と思っていても、実際にはそのとおりいかないことのほうが多いものだ。

選手はトレーニングが終われば、少しミーティングがあるくらいで、あとは自由だ。自分自身に集中すればいい。でも監督は会長や社長、GMと話をしたり、メディア対応をしたり、サポーターと会話したり、スタッフと打ち合わせをしたり、いろいろな人とコミュニケーションを取らなければならない。そのことだけをとっても専門職というより、何でもやる総合職に近い。

契約金が安かった私に白羽の矢

2003年にシュトルム・グラーツに監督として再び戻ったのだが、それは私自身にとっても思いがけないことだった。私の選手生活にピリオドを打たせたカルトニックが依然として会長だったからだ。彼と私は決して良好な関係だったわけではない。好んで私と契約を結ぶはずがなかった。

前年の9月にオシムさんが去り、クラブは迷走期に突入していた。UEFAチャンピオンズリーグは予選ラウンドで敗退し、本選に進めなかったことで、グループステージ進出で得る賞金を手にできず、資金繰りもますます厳しくなっていた。

オシムさんから監督を引き継いだドイツ人のフランコ・フォーダはシーズン終了後に解任され、そのあとを受けたスイス人のギルバート・グレスはわずか2カ月でクビになっている。そもそもあれほど偉大なオシムさんの後任を務めるのは誰であっても難しい。

そんな状況で、カルトニックは私に監督をオファーした。おそらく理由は二つある。一つは私が選手、コーチとしてクラブに在籍した人間であり、ファン・サポーターとメディアを納得させられる存在だったこと。オシムさんの後任2人が結果を出せない中で、新たに監督を招聘するにはポジティブな理由が必要だった。

そしてもう一つは私の契約金が安かったことだ。クラブは途中で解任した前任者たちに対してもサラリーを払わなければならず、したがって新監督を招聘する資金は限られていた。ビッグクラブで指導者として実績があったわけではない私は、クラブ側からすれば、格安だったに違いない。

思いがけずグラーツに戻ってはみたものの、お世辞にもチーム状況は良いとは言えなかった。前年から18人の選手が去っており、リーグ戦を戦うのもままならない状態だったのだ。望むと望まざるとにかかわらず、われわれは当時のオーストリア・リーグの中で所属選手の平均年齢が一番若いチームになった。とても優勝争いをするような戦力ではなかったが、それでも見る者に面白いと思わせるサッカーをやり抜いた自負はある。

そこから3シーズン、私はチームを率いることになるのだが、10チーム中9位、7位、8位の成績で、いずれも残留を果たし、その内容によってスタジアムに足を運ぶファン・サポーターの数を増やすことに成功した。

チームを率いた最初のシーズン（２００３―04シーズン）はカップ戦で準決勝に勝ち上がっている。ＰＫ戦でＦＫオーストリアに敗れたものの、最後に優勝したのは同シーズンのリーグ戦を制するグラーツァーＡＫだった。仮にわれわれが決勝に進んでいれば、ＵＥＦＡカップに出場できたかもしれなかったのだ。

そう思うと、悔しい気持ちになる。若いチームで上々の結果を残したと言われてはいたが、あのチームでヨーロッパの大会に出たい思いは強かった。

２０１９年に北海道コンサドーレ札幌で臨んだ川崎フロンターレとのＪリーグカップ決勝にしても、２０１６年、浦和レッズ時代にＡＣＬのラウンド16で対戦したＦＣソウルとのアウェーゲームにしても、私はどうやらＰＫ戦に縁がないようだ。

サンフレッチェ広島時代の２００６年に鹿島アントラーズと対戦したゼロックス・スーパーカップ、２０１６年に浦和でもガンバ大阪とのＪリーグカップ決勝をＰＫ戦の末に制してはいる。

だが、勝った記憶よりも負けた記憶のほうがなぜか鮮明だ。

そこで失敗した選手のことも、頭にはっきりと残っているが、それは後々振り返ることにしたい。

広島から突然のオファー

３シーズン、若手主体のグラーツの指揮を執ったあと、カルデニックは私の仕事ぶりを評価し、契約延長を打診してきた。ただ、若い選手を育てながら良いチームを作っても、すぐにその選手たちが引き抜かれてしまう状況が繰り返され、私自身、これ以上続けるのは難しいと考えていた。カルデニックと折り合いがよかったわけでもなく、そろそろ環境を変える必要性も感じていた。

リーグの最終節では、私がクラブを去ると知ったサポーターが『ミシャ、ここに残ってくれ！』という横断幕を掲げてくれた。さらに私を残留させるために６５００人の署名を集めてもくれたが、その声は有り難かったものの、ＦＣケルンテン（クラーゲンフルト／２００９年に消滅）からオファーが届き、退団する決意を固めた。

クラーゲンフルトは、リュブリャナから遠くないし、グラーツからも１００キロくらいの場所にある人口10万人程度の街。自然豊かで新たにキャリアを始めるには申し分ない環境と思えた。

新しいクラブと契約をかわした4、5日後だったと思う。妻が私のコーヒーを淹れているときに自宅の電話が鳴った。午後2時過ぎのことだ。受話器を取ると、英語で何かを言っている。「ジャパンの何とかだ」というのは聞き取れたが、私は英語がよく分からない。だから瞬間的に電話を切ってしまった。

妻に「いたずら電話のようだ」と話していたら、すぐにまた電話が掛かってきた。今度は、受話器の向こうからドイツ語が聞こえた。

「日本のサンフレッチェ広島のオリタさんという人に代わって電話を掛けました。クラブがあなたに興味を持っているので、ぜひ会って話をしたいとのことです。話を聞いてくれませんか」

監督である私に興味があるというのだ。

電話を受けたおよそ半年前、2006年1月にオシムさんが監督を務めていたジェフユナイテッド千葉がトルコのアンタルヤでキャンプを行なった。同時期に私もグラーツの監督として訪れていて、練習試合で対戦した。その試合は確かグラーツが4対0で勝利したと思うが、そのときに会話したのがドイツ語を話すジェフのGM・祖母井秀隆さんだった。

祖母井さんに「あなたは日本で仕事をする気がある？」と質問された。以前から私は、オシムさんがオーストリアに帰国したときや、電話でもたまに日本のサッカーや文化について話を聞いていた。日本に対して好印象を抱き、魅力的な国だとも感じていた。選手がとても真面目なこと。社会には秩序があり、人々がとても親切であること。かつては全く日本については知らなかったが、オシムさんを通して何度も日本に触れていたのだ。

だから祖母井さんの問いかけに「ヤー（イエス）」と答えた。もちろん、ほんの軽い気持ちで言葉を返しただけだった。

広島は当初、ブラジル人のトニーニョ・セレーゾにオファーをしたものの、サラリーが高く、スタッフを何人も連れて来るという条件もあったために金額で折り合わなかったようだ。そこでジェフのヘッドコーチを務めていたオシムさんの息子のアマルに監督就任のオファーを出そうと考えた。だから織田さん（秀和強化部長、当時。現在はロアッソ熊本のGM）はジェフのGMだった祖母井さんに相談した。

ただ、オシムさんはすでに7月から日本代表監督になることが決まっていて、その後はアマルにジェフを任せるのが既定路線だった。織田さんはアマルを招聘できないと知り、「誰か良い監督を知りませんか」と尋ねたようだ。

そこで祖母井さんの頭の中に浮かんだのが、半年前に言葉をかわした私だったというわけだ。

偶然なのか、私はいつも3番目の監督候補として名前が挙がるらしい。広島のときも、そしてのちに監督になる浦和のときも。そう言えば、グラーツでオシムさんのあとを継いだのも2人が相次いで解任されたあとだった。

グラーツの自宅で電話を受けた翌日に、織田さんと（杉浦）大輔がグラーツにやってきた。二人は数日、滞在していたが、毎晩、食事を取りながらサッカー談義に花を咲かせた。織田さんは、広島がどういうフィロソフィーを持ったクラブなのか、どういうサッカーを目指しているのかを説明し、私は自分のサッカー観とフィロソフィー、そして指導法について伝えた。

織田さんからは並々ならぬ情熱を感じ、だから私も熱意をもって応じた。私の考えを詳しく説明するためにレストランの紙ナプキンにトレーニングの方法を書き記し、伝えたことを覚えている。「3対3のメニューはこうやる」とか、そういう細かいところまで話したものだ。聞くところによると、今でも織田さんはそのときのナプキンを保管しているそうだ。

濃密な時間を過ごす中で、私の心は固まっていった。織田さんがクラブの了承を取り付けると、すぐに契約がまとまった。

ここで問題になったのが、数日前にFCケルンテンと交わしていた契約だ。実は織田さんとの会談の中では、そのことをはっきり伝えなかった。というのも、まだチーム始動前であり、サラリーも一切受け取っていない状態で、私には解除する権利があると考えていたからだ。

広島行きを決めたあと、私はFCケルンテンの会長に会いに行き、事の経緯を説明した。彼は「それなら違約金を払え」と言ってきた。要求してきたのは5万ユーロ（当時の日本円で約720万円）。杜撰《ずさん》な契約形態が多い中で、どのクラブもそんなところだけはきっちりしているから不思議だ。

当初、私と広島の契約は6カ月で、交渉時点での順位は17位。J1に残留できれば2年延長するというオプションが付いていたものの、当然、私にとっては未知の国であり、初めて戦うリーグでもある。難しい仕事になるかもしれず、FCケルンテンに5万ユーロを払ってまで日本に行くべきなのか、と私に意見する人もいた。

ただ、私は自分で違約金を払うと決めた。最終的に半分の2万5000ユーロで決着したが、それほど私の日本行きの決意は固かった。大きな魅力を感じていたからだ。

日本行きを決めたあと、織田さんと話す中でもう一つ決めなければならなかったのが通訳だった。私は旧ユーゴスラビアの出身で、ドイツ語も話すことができるが、日本語は全く話せない。私の考えを伝える通訳が必要だった。織田さんに誰かいないかと相談されたとき、私はその場でこう答えた。

「彼がいるじゃないか。大輔が幸運を運んできてくれたのだから、一緒に行こう」

聞けば、大輔はケルン体育大学の先輩にあたる人物（木村康彦・現JFA養成ダイレクター）から数日前に「グラーツに行けるか？」と突然言われて、あの場にいたそうだ。要するに通訳のアルバイトのつもりで織田さんと一緒に来ていたらしい。

あのときの私の即答をきっかけに、その後20年近くも一緒に仕事をすることになるとは、人生は本当に何が起こるか分からない。大輔もきっとそう思っていることだろう。

攻撃サッカーへのこだわり

オシムさんの存在があったとはいえ、なぜ日本行きをすぐに決断できたのかと不思議に思う人もいるかもしれない。一つ大きかったのは、私のフィロソフィーを織田さん、そして久保允誉《まさたか》社長（当時）が受け入れてくれたことだ。

すでに話したとおり、私の原点にはユーゴで過ごした少年時代がある。ユーゴの人々にとってサッカーは生活そのもので、オシムさんも私よりも少し年上だが、同じような原体験を持っていると思う。そんなわれわれの中には、サッカーは見る人を魅了するものだ、という考え方が根底にある。そしてそれは、私の変わらないフィロソフィーだ。

子どもの頃からファンとして試合を見たときに、頭に残るのは決まって攻撃のプレーだった。次の日には友だちと繰り返し真似をして、華麗な攻撃シーンを再現しようとしたものだ。サッカーは多種多様で、何かを制限するものではない。それでもより深く、より広く、人々の心に刻まれるのは攻撃的なサッカーではないだろうか。

例外ももちろんいるが、われわれ世代のユーゴ出身の指導者の多くはやはり攻撃的なサッカーを好む。ユーゴはその昔、東欧のブラジルと言われ、代表チームはスキルフルで攻撃的で、人々を魅了するサッカーを展開していた。そもそも選手たちにも指導者にも、そういうマインドが備わっていたからこそ、東欧のブラジルと呼ばれたのだと思う。

一つエピソードを教えよう。かつてオシムさんはレアル・マドリードから監督就任をオファーされたことがあった。確かパナシナイコスを退団し、シュトルム・グラーツの監督になるタイミングだったと思う。しかし彼はあっさり、それを断っている。その理由について、私にこう説明した。

「もしも私がレアルの監督になったら、勝つことだけを求められ、そのために仕事をしなくてはならない。となると本来の、人々を魅了するサッカーを見せるにも制限が出てきてしまう。それでは私がサッカーの世界で仕事をする生き甲斐が奪われる」

やがてジェフの監督になったオシムさんと、その点において私も全く同じ考えを持っている。

私は広島なら、自分のフィロソフィーが受け入れられると強く感じた。どこで監督をやるかではない。監督として何をやるかが重要だった。

シュトルム・グラーツでイビチャ・オシム監督（写真左）の下でコーチを務めていたころのミシャ
＿©アフロ

第3章

2006年～2011年

サンフレッチェ広島時代

日本のファーストインプレッション

織田（秀和）さんと（杉浦）大輔に初めてグラーツで会ってから数日のうちに来日した。今でもその日のことははっきり覚えている。２００６年６月15日だ。

オーストリアは小さい国で基本的にはどこへ行くにもバス移動だった。インタートトカップに出場したときなど飛行機に乗る機会もあったが、時間は長くても2、３時間。日本に初めて来た、このときが私の人生で一番長いフライトだった。

そもそも私は飛行機が好きではない。サンフレッチェ広島時代に仙台や山形で試合があると、選手やスタッフは飛行機で移動したものだが、私は新幹線を乗り継いだ。当然、大輔も一緒だ。

大輔に無理をさせていたかというと、そんなことはない。彼の特技はどこでも寝られることだ。私の勝手な見立てだが、彼にとってもちょうどいい休息になっていたのではないかと思う。

当時は車内販売があった。それも楽しみの一つで、お弁当とコーヒーを買ってゆっくりと過ごしたものだった。タバコが吸いたくなったら喫煙ルームに行けばいい。だから長時間の移動も快適で、全く苦ではなかった。

19年前のあの日、関西国際空港に降り立ち、新大阪駅から広島へ向かうために新幹線で移動したと思う。その瞬間から私は新幹線の虜《とりこ》だ。ヨーロッパにもICEなど高速鉄道はあるのだが、新幹線は驚くほど速くてその上、静かだ。車内は綺麗で、日本の技術力の高さは噂どおりだと感じ入ったものだ。

のちに北海道コンサドーレ札幌の監督になり、飛行機に乗る機会が格段に増えたが、今でも選べるなら、私は迷わず新幹線移動を選ぶ。

広島駅到着後はすぐに、車で安芸高田市の吉田町にあるサンフレッチェのトレーニング場へ移動した。そこで監督就任会見を開き、直後に最初のトレーニングを実施している。来日早々にトレーニングをしたものだから、新監督はやる気にみなぎっていると報じられたようだ。しかし、あのスケジュールはあくまでクラブが決めたものだった。やる気があったことは否定しないが、長旅で疲れている私が主張したわけではないことを、ここに告白しておく。

大輔から日本の6月は雨季だと聞いていた。ところが到着してから数日間は晴天続きだった。テレビの天気予報で雨マークが付いていても、空は晴れ渡り、とにかく暑かった印象がある。新幹線の快適さと暑さ。それが日本のファーストインプレッションだった。

オシムさんに忠告されたベテランの扱い方

当時の広島にはベテラン選手が何人も在籍していた。小村徳男、下田崇、上野優作、大木勉、木寺浩一、ブラジル人のジニーニョ、ベット、ウェズレイらは三十代。バランスとしては、リーグの中でも比較的年齢が高いほうだったと思う。

来日前にオシムさんから聞いていたことの一つに、日本はベテラン選手の扱いが特徴的だという話があった。とくに名前のある選手、実績のある選手、代表歴のある選手に対しては、どのクラブも重用する傾向があると。だから彼らがプレーを望むうちは、なかなか新しいサイクルに進めないとのことだった。

一方で、広島には若くて良い選手も多かった。そういう状態にあるチームを健全に成長させていくには、森﨑兄弟（和幸、浩司）や佐藤寿人、駒野友一ら若手がのびのびとプレーし、次々に台頭するようなサイクルをスタートさせなければならない。

とくに広島はアカデミーから良い選手が育ってくる土壌もあった。そういう選手を育ててほしいと織田さんからも要望されていた。私はグラーツで指揮を執っている頃から、若手の成長を積極的に促すタイプの指導者で、その点でも広島とは考えが一致していたのだ。

来日した2006年の6月は、ワールドカップのためにJリーグが中断期間に入っていたのだが、われわれはその期間を有効に活用し、ハードなトレーニングを実施した。ほぼ毎日2部練習を行なったと思う。

当然、いきなり行なわれるハードなメニューについて来られる選手と、そうではない選手が出てきた。そこで自然とメンバーを選別していくことになった。私が求めるサッカーをやる上で必要な選手が誰なのかを見極めた。

織田さんもこのときのトレーニングを非常にポジティブに受け止めていたようだ。私のやり方について唯一、彼が心配したのは、選手のコンバートに関してだった。右のストッパーにしたカズ（森﨑和幸）もリベロに据えた戸田和幸も元々はボランチの選手だ。左のストッパーにはフォワードの盛田剛平を配したりもした。「ミシャ、後ろに一人もディフェンダーがいないじゃないか！」と直接、言われたこともある。

ただそうは言われても、私には私の考えがあった。その後にはＦＷの横竹翔を右のストッパーに起用したこともある。ＧＫからＤＦにパスをつなぎ、しっかりビルドアップすることが狙いとしてあった。当時の日本にはまだＧＫからビルドアップするチームがほとんど存在しなかったから、織田さんも最初は、その意図を汲み取れなかったのだろう。

ミスには2つの種類がある

総じて技術の高い選手が多かったものの、選手たちも最初は戸惑ったと思う。それまでに経験したことのないトレーニング方法ばかりだったからだ。私はトレーニングの中で、選手自身が何をしなければならないかと考えるようなシチュエーションをいくつも設定した。

例えば、パスの出し手にリターンすることなく、ボールを前進させるメニューだ。これを実現するためにはボールホルダーに対して、周囲の選手が考えて先にポジションを取らなければならず、パスを受ける前の時点で次の展開を予測しておくことが必要となる。

当時は、言われたことはしっかりやるが、状況を瞬時にとらえ、自分で考えてプレーできる選手が少なかったと思う。状況、タイミング、そして場所。その見極めができなければそもそも考えてプレーすることなどできないが、そういうトレーニング自体が日本ではまだまだ少なかった。

もう一つ、当時、選手に対して強調したのがミスの考え方だった。ミスには２種類あって、チャレンジして生じるミスと、消極的なプレーによって生まれるミスがある。その違いがあまり認識されていなかった。このパスが通ればゴールにつながるという状況で生じたミスなら、私は躊躇なく「ブラボーッ！」と叫ぶ。

あるとき、アオ（青山敏弘）が相手のディフェンスラインの背後にボールを出し、そのボールが長くなってキーパーにキャッチされたことがあった。私は「ブラボーッ！」と声をかけた。しかしアオは「ミスをしたのにほめられた」と不思議そうな顔をした。あれは間違いなくチャレンジした結果だった。ミスの受け止め方が、日本とヨーロッパとでは大きく違うと感じたものだ。

チャレンジ自体を否定されたら、ギリギリを狙う習慣が失われてしまう。そうなればピッチでリスクを冒さなくなり、安牌《あんぱい》なプレーに終始する。結果、ボールは縦ではなく横にしか動かず、チャンスを作り出すことも、相手に脅威を与えることもできない。要するに、退屈なチームになるだけだ。

トレーニングでは積極的にトライするように選手に働きかけた。だが、染み付いた習慣は簡単には無くならない。最初の頃はチームの外側ではなく、内側に敵がいるようだった。選手の中に存在する、ミスを恐れる心が最大の敵になったのだ。

広島だけではない。対戦相手にしても似たような状況だった。試合で求められるのは確実性で、リスクを冒すことを避ける習性がどのチームにも身についているように見えた。それではゴールに向かってプレーする機会は減少してしまう。すなわち、サッカーの面白さが失われるということだ。

だから私はまず選手のマインドを変えることから始めた。

ボールを止めたときに相手が寄せてくる。そこでミスしてしまうと想像するか、それとも相手をかわせば一気にチャンスになると思うか。ミスを先に考える時点で、その選手は勝負に負けている。こうした私の考えを繰り返し説明した。
やがて選手の理解が進み、チームも少しずつ変化していった。

ビルドアップに参加するＧＫ

また、チームを作るにあたって私がポイントと考えていたのがキーパーだった。先にも触れたが、私はキーパーからビルドアップしたいと思っていた。その後に率いたチームでも一貫して求めてきたのは、キーパーがボールポゼッションに積極的に関わっていくスタイルだ。

当時の広島には、日本代表を経験している下田崇という素晴らしい選手がいた。だが、ベテランの彼はヒザに問題を抱えていた。佐藤昭大や木寺浩一も相次いでケガをしてしまい、キーパーに関しては監督就任から数年間、定まらない状態が続いた。

故障者が続出した２００８年の途中にサガン鳥栖からウッズ（中林洋次）が加入し、彼はフィールドプレーヤーを経験していたこともあって、比較的早くフィットした。次第に望む形がピッチで表現できるようになり、その2年後に西川周作が大分トリニータから加わってビルドアップがより安定した。

浦和レッズの監督になったときも最初はベストの形を模索することから始めている。守備面で素晴らしい才能を持つ山岸範宏というキーパーはいたものの、彼は足元が得意なタイプではなかった。一方で加藤順大は足元がうまかったが、ゴールを守るという点において山岸よりも安定感を欠いた。大谷幸輝もまた同じで、そういう状況の中、2014年に西川周作と再び一緒になり、チームは理想形に近づいていった。

札幌の場合もまた、時間が必要だった。監督に就任した2018年当初、ク・ソンユンがゴールを守り、素晴らしい守備を見せていた。ただ、彼も足元がそれほど得意なタイプではなかった。それでもトレーニングを続けて成長を見せ始めたのだが、韓国の兵役によってチームを離れ、成長曲線が分断されてしまった。やがて菅野孝憲や高木駿がチームに加わったのは、そのためだった。

あらためて言うまでもないことだが、大前提として私のチームに所属していたキーパーはいずれも素晴らしい才能を持っていた。J1のクラブに所属しているのだから当然だろう。ここで言及しているのは、あくまで私の求めるスタイルに合うか合わないかという話だ。

繰り返すが、広島の監督に就任した2006年当時、日本ではキーパーが積極的にボールポゼッションに加わるスタイルは珍しかった。ヨーロッパでもその数はまだまだ少なかったと記憶している。広島でDFからキーパーにパスが出ると、相手側だけではなく味方のサポーターからもブーイングが聞こえたくらいだった。

逆に言えば、それほど私のスタイルは目新しかったということでもある。

2年目に降格した理由

私が来日する直前、小野剛さんのあとを受けて望月一頼さんが4試合だけ暫定監督を務めた。守備的なスタイルを徹底し、勝ち点7の獲得に成功している。就任1年目の2006シーズンの最終順位は10位だったが、そのとき勝ち点7を得ていたことがわれわれの残留争いでアドバンテージになったのは間違いない。

その後、私は監督として攻撃的な要素をチームに落とし込んでいった。しかし、まだまだ意図したプレーを実践できず、一方で選手の中に前任者の守備的な意識が残っていたために、ある意味で攻守のバランスが取れて破綻なく戦えていた。

ところが2年目のシーズンは、チームがより攻撃的にシフトしていく中で、その均衡が崩れてしまう。エラーが起こったときにカウンターで失点するケースが増え、素晴らしい内容を見せる反面、守備が疎かになって勝ち点を落とす試合も増えた。

われわれは2トップを組んでいた佐藤寿人とウェズレイの得点力を生かすために、より人数をかけて攻めるという狙いを持っていた。3バックと1アンカー、両ワイドに2シャドー、2トップという攻撃的な構成で戦っている。トランジション（切り替え）を考えればダブルボランチのほうが安定しただろう。ただ、当時の選手のキャラクターを考えたときには1アンカーがベストな形だと判断した。

リスクを冒して戦っていることは分かっていたものの、残留する自信はあった。実際、素晴らしい内容の試合が多かったと思う。けれども入れ替え戦に回ってしまった。アウェーの第1戦では京都サンガF.C.に1－2で敗戦。その試合は内容的にほめられたものではなかったので結果には納得するしかない。一方でホームの第2戦はわれわれがゲームを掌握した。0－0で引き分けたために結局、降格してしまうのだが、ゴールチャンスが何度もあり、アディショナルタイムのマキ（槙野智章）のシュートがクロスバーに嫌われずに入っていたら、われわれが残留していた。そんなギリギリの試合だった。

むろん、これは『たられば』の話だ。降格は監督である私の責任。若い選手が多く、リスキーな戦い方になったのも私の指導力の問題だった。状況を好転させられなかったのは事実であり、言い訳するつもりはない。監督キャリアの中で、初めて降格を経験することになった。

前代未聞の続投オファー

クラブとして受け入れがたい結果を出したのだから、当然、私は解任されるはずだった。しかし、降格決定直後に予想外のことが起きる。久保社長と強化部長の織田さんから続投をオファーされたのだ。私が知る限り、当時のＪ１でチームを降格させた監督がそのまま翌シーズンも指揮を執る例はなかった。

指導法やチームスタイルを評価してもらい、選手たちからも私と一緒にやりたいという声が上がっていたと、あとから聞いた。あのとき「引き続き指揮を執ってほしい」と言われなければ、これほど長く日本に留まることはなかっただろう。私にとって人生の大きな分岐点になった。

プロサッカーの世界はとてもシビアだ。結果が勝者と敗者をはっきりと分ける。敗者は去るのが、常。にもかかわらず、私の仕事をしっかり評価し、続投を決断する経営陣に出会ったのは、本当に幸運だった。その信頼に応えたいと強く思ったのは言うまでもない。

J2を戦う2008シーズンが始まる前に駒野友一がジュビロ磐田に、ウェズレイが大分に移籍した。それまでチームで重要な役割を担ってきた2人が移籍したことをきっかけに、私は3－4－3（3－4－2－1）で戦うと決断した。

もともと指導キャリアの中で3－4－3を採用した経験はあったが、ウェズレイの移籍で1トップの採用を決め、そこに佐藤寿人を据えて、中盤は1アンカーからダブルボランチに変えた。

今振り返れば、それが次のステップへ進む導火線になった。

ミシャ式フォーメーションの誕生

J2での戦いは、難しいスタートになった。広島が攻撃的なチームであるとすでに知られていたため、対戦相手がことごとく守備を固めてきたからだ。攻める気がないのかと思うような相手と対峙する中で、われわれの攻撃が滞るケースも出てきた。中にはボランチにボールが入ると、すぐにプレスをかけてくる相手もいた。そういうガチガチの戦いで相手の分厚い守備を崩すには、どうすればいいのか。新たな手立てが必要だった。

確かゴールデンウイークの徳島ヴォルティス戦だったと思う（第10節・2008年4月29日）。ビルドアップする際にボランチのカズ（森﨑和幸）が自分の判断で3バックの位置まで下がった。相手のプレッシャーを回避することと、中盤にスペースを生み出すのがその狙い。それによってどんな効果が生まれたかと言うと、相手のマークをずらすとともに、後方からのパス回しがスムーズになった。

カズが私のチームですでに右のストッパーを経験していたこと、そしてアオ（青山敏弘）が1アンカーをやっていたことも伏線になっていた。カズが起こした変化を発展させれば、大きなメリットを生むと、そのとき私は直感した。

さらに対戦相手がウイングバックを封じようとサイドのスペースを埋めるようになったので、われわれはサイドでローテーションして能動的にスペースを生み出そうと考えた。その結果、ボランチが下がると同時に左右のストッパー（センターバック）

がサイドバックとなって攻撃参加する形に行き着く。相手の対策を上回っていく過程で、試合開始時の3－4－3（3－4－2－1）のフォーメーションが、相手の守備を広げるために有効な4－1－5へ変化する形になったのだ（注・ミシャ式と呼ばれる可変式フォーメーション）。

現代サッカーは基本的にはスペースが埋まっている。昔とはその点が全く違う。今では9人対9人で試合をしてもピッチが狭く感じるのではないか。それくらいスペースと時間が制限されている。

そういう状況の中でそれでもスペースが生まれやすいのは、サイドバックの前だろう。私のチームを考えてもらえば分かると思うが、だからそのポジションにはパスを出せる選手を配置している（＝試合中にサイドバックに変わる左右のストッパー）。彼らが攻撃に関わるケースが多いのは、状況と狙いが一致しているためだ。

私は、このフォーメーションを採用して長いが、ポジションが目まぐるしく変わるスタイルは相手からすれば、依然として抑え切るのが難しい。例えば、サイドバックになったストッパーがパスを出すのか、走り込むのか。攻撃のときに相手の守備を広げるために幅を取るのがウイングバックなのか、サイドバックに変わったストッパーなのか。われわれは自分たちから変化することで、いろいろな選択肢を生み出し、相手DFに的を絞らせないようにしているわけだ。

マキ（槙野智章）や（森脇）良太を左右のストッパーに置き、彼らには特長を生かして、後ろからどんどん前へ出ていくことを求めた。同時にウイングバックには自分で仕掛けるだけではなく、スペースを作れるタイプを起用した。必要は発明の母と言うが、サッカーは常に相手の対策をどうやって上回るかを発想することで発展してきた歴史がある。このときはまさにそうやって戦い方をブラッシュアップしていった。

戦術は監督が決めるものだが、良いアイディアを持っている選手がいれば、彼らの発想を生かせばいい。実際、私はそういう選手から多くを学んできた。その中で前提として知っておかねばならないのは、たとえ選手の良いアイディアに触れたとしても監督は自分の引き出しにないものを出すことができないという点だ。新しい発想やプレーに対して、引き出しの中にあるものをどうやって組み合わせ、それをより良い形にしていくのかが問われるのだ。これは監督の重要な資質だろう。カズが見せたプレーに着想を得て、可変するフォーメーションは完成をみた。

ボランチが最終ラインに下がるプレーも、センターバックがサイドバックになって攻撃参加することも、今では当たり前になった。ヨーロッパ各国のリーグで日常的に私のチームと同じようなプレーが確認できるはずだ。ただ今から17年前の時点ではおそらく誰の目にも斬新に映る形だった。

シュトルム・グラーツの監督時代に、アーセン・ベンゲルさんが率いるアーセナルと練習試合を行なったことがある。のちに私が浦和で監督をしていたとき、十数年ぶりに再会したのだが、われわれの戦いぶりを見て「感銘を受けた」と言ってくれた。2017年に日本でドルトムントと対戦した際には、ピーター・ボス監督に賛辞をもらい、ACLで上海上港と対戦したときにはビラス・ボアス監督から「時間があれば1週間、練習を見に行きたい」とのメッセージを受け取った。ビッグクラブを率いた経験のある彼らも、少なからず私のスタイルに興味を持ってくれたのだと思う。

J1昇格決定よりも印象深い最終節

徳島戦（第10節）以降は若い選手たちが成長するとともに、戦い方そのものが洗練され、順調に勝ち点を重ねた。そして9月には早々とJ1復帰を決めた。7試合を残して昇格を決めたのだが、独走していたので特別な感慨のようなものはなかった。あのときあったのは選手が成長し、彼らが再びJ1という舞台でプレーできるようになったという喜びだけだった。

昇格よりもむしろ印象深いのは、最終節にホームで行われたシーズン3度目の徳島戦だ（※当時のJ2は3回戦総当たり）。通算勝ち点とゴール数が100の大台に乗るかどうか注目されていた試合で、勝利を収めれば勝ち点はちょうど100になる。それと同時に4ゴールを決めれば、100ゴールに到達する一戦だった。

われわれが後半に3点を取り、通算100ゴールまであと1点に迫った。だが、結局及ばずに試合を終えた。相手が3点差であるにもかかわらず、攻めずにガチガチに守ってきたのだ。徳島はどうしても100ゴールを達成させたくなかったのだろうか。3－0で勝利を収めながら、どこか選手たちも釈然としない表情を見せていた。何とも不思議なエンディングになってしまった。

今でも当時の広島の戦いぶりはJ2の歴史に残るものだと言われることがある。戦うカテゴリーは違うが、前年に比べてわれわれが大きく成長したのは間違いなかった。

何が変わったかというと、オフ・ザ・ボールの質が格段に向上した。オフの動きは自分だけではなく、味方のスペースを生み出す動きとも言える。3人の選手が同じ絵を描いて動くことは難しいものだが、その回数が確実に増えていた。

結果、良いポジションに選手がいるためにボールが回り、一方で危険な形でロストする場面が減ったので、失点を食い止められた。われわれはサイドから攻めるケースが多く、そもそも危険なカウンターを受けるリスクの高いピッチ中央でボールを失う回数が減っていたのだ。ダブルボランチにしたことも奏功していた。

オフ・ザ・ボールの動きがいかに洗練されていたかを示す試合がある。寿人が日本代表の活動で不在だったFC岐阜戦（第34節・9月7日）だ。初めて1トップに（高萩）洋次郎を配し、2シャドーを（森﨑）浩司と（柏木）陽介が務めたのだが、日本では珍しいゼロトップのような形で臨んだ。

この3人はスピードがあるタイプではないものの、互いのポジションを入れ替えながら流動的に動き、結果、相手は全くボールを奪うことができなかった。3人が描く絵も、チームで描く絵と重なり、7－1で大勝している。

シーズンが進むにつれて、われわれはどのチームであっても簡単に止められない攻撃サッカーを展開するようになっていた。降格したシーズンも内容的には素晴らしい試合が多く、天皇杯では決勝に進むなど、ある程度の結果も示していたが、２００８シーズンで求めていたスタイルに大きく近づいたと言っていいだろう。

初めてのＡＣＬで初めての経験

Ｊ１に復帰した２００９シーズンは４位でリーグ戦を終えた。シーズン前からやれる自信はあった。そもそも降格した年も天皇杯では決勝に進出しており、鹿島アントラーズに敗れたものの、準優勝。続くゼロックス・スーパーカップでリーグと天皇杯２冠を達成した鹿島と再戦し、ＰＫ戦の末に勝ち切った。

そしてＪ２で１年間、チーム力を高めることもできた。４位という結果は決してフロックではなかったはずだ。

ただし、翌２０１０シーズンは初めてクラブとしてＡＣＬ（ＡＦＣチャンピオンズリーグ）に臨み、いくつもの困難に直面した。まだＡＣＬ出場がどういう影響をもたらすのか、よく理解していなかった。そもそも出場するには非常に細かな規定があり、クリアするだけでもクラブとして相当な努力が必要だった。その上、Ｊ１のリーグ戦と並行して海外遠征をこなす難しさを味わうのも初めて。飛行機嫌いの私も、海外に行くには飛行機に乗るしかない。移動の大変さを嫌と言うほど思い知らされた。

それでも厳しい戦いはクラブと選手にとって大きな経験になったと思う。中国では指定されたバスがホテルに来ないとか、スタジアムまで着いても遠回りさせられて中に入れないとか、韓国の浦項ではホテルのシャワーが水しか出ないとか。試合のオーガナイズについて主催者に対する疑問を抱いたものの、それも含めて国際大会におけるアウェーゲーム特有の厳しさを経験し、われわれは相当にタフになった。

結果は3連敗したあとに3連勝を飾り、勝ち点9を獲得したのだが、結局1ポイント差の3位に終わってグループステージで敗退した（1位＝アデレード・ユナイテッド、2位＝浦項スティーラーズ、4位＝山東魯能）。それでも広島は、歴史的な一歩を刻んだと言っていいだろう。

ＡＣＬに参加したわれわれは、Ｊリーグカップに準々決勝から参加した。ガンバ大阪、清水エスパルスを下すと、決勝に進出。相手は磐田だった。

結果は、準優勝。タイトルには手が届かなかった。だが、内容に関しては良いものが見せられたと思っている。延長まで戦って3－5。見ている人々を楽しませる試合になったのではないだろうか。

誤解してほしくないが、もちろん、われわれは勝ちたかったし、準優勝は悔しい結果だ。ただそれでも称賛に値するゲームを見せた自負はある。

グラーツを率いているとき、ウィーンやザルツブルクで試合をすると、相手のサポーターから「応援しているのは自分のクラブだが、次に見たいのはグラーツの試合だ」と言われたものだった。当時の広島も同じで、アウェーでもわれわれのサッカーを面白いと言ってくれるファンが大勢いた。

その声はプロサッカーの監督である私にとって大きな誇りだ。磐田との決勝でもそんな声を聞くことができた。試合後には互いのサポーターが互いのチームを称え合っていた。あの光景はJリーグだからこそ見られる素晴らしいシーンの一つだろう。

この2010シーズン、J1は7位に終わっている。前年の4位という成績からすれば、順位を下げたが、それはクラブの持つ宿命と無関係ではない。

若い選手たちが成長を遂げると、当然、チーム力も比例して積み上がっていく。しかしクラブの規模によっては、成長した選手を留めておくことができない。他クラブに引き抜かれて、チームの作り直しを余儀なくされてしまうのだ。

ＡＣＬに臨んだこのシーズンの前には、（柏木）陽介が浦和へ移籍していた。選手が育って、ステップアップするのは指導者として本来、喜ばしいものだ。一方で自分が率いるチームは、難しい状況を招く。ＡＣＬとリーグ戦を同時に戦うには選手層の厚さも重要になってくる。宿命として受け入れてはいたものの、陽介退団の影響は小さくなかった。

選手を育てる監督が抱える難問

選手を獲得してチームを作るタイプと、自前の選手を育てるタイプの監督がいるとしたら、私は間違いなく後者だ。だからこれまで率いてきたのは、ほとんどが供給する側にカテゴライズされるチームだった。シュトルム・グラーツ時代も、選手を育てては引き抜かれ、そのたびにチームを作り直す必要に迫られた。

それでも十分に戦える自信は持っているし、実際にやれると私自身は思っている。とはいえ、そうした事情を無視して成績のみにフォーカスするのはナンセンスに思える。Jリーグでもここ最近、予算と順位の関係がはっきりと見えているだろう。

一昨年（2023年）のJ1リーグの順位とチーム人件費を照らし合わせてみるといい。一昨年はヴィッセル神戸、横浜F・マリノスがJ1リーグの1位と2位で、2022年の人件費を見てみると、神戸が1位、横浜FMが2位だった。

ヨーロッパで顕著な傾向が日本でも、はっきりと見られるようになった。以前の日本は、そうした差を監督の手腕によっていくらか埋められる状況にあったと思う。だが、日本の選手たちが世界のマーケットに乗り、選手を育てる時間的な余裕が無くなってきた中で、それも難しくなった。今後はよりその傾向が進むかもしれない。

かつてベンゲルさんが「リーグ優勝する監督やチャンピオンズリーグを制する監督が常にベストな監督とは限らない。プレミアリーグのクラブが全て同じ予算で戦ったとしたら、どのチームの監督がより優れた指導力を持つのか分かるだろう」と言っていた。私もその点は同感だ。

ただ、現実にはそうはならない。だからこそクラブ力の差をいかに補い、勝利を目指すかを考えなければならないのだ。

そういう状況であるから、選手の移籍については常に相反する思いが出てきてしまう。指導者として喜ばしいが、チームにとっては嘆かわしい。これは選手を育てるタイプの監督にとっての難問だ。こういう背景を踏まえると、2010シーズンは、まずまずの成績だったと言っていいのかもしれない。

そして、このシーズン終了後には、今度はマキ（槙野智章）がドイツのケルンへと移籍した。成長してチームに貢献するようになった選手は、すぐに移籍する流れができて、この頃から加速していった。

特別なメンタルを持っていた槙野智章

マキについて、少し触れておこう。彼は日本では珍しいメンタリティーを持った選手だった。出会った頃から、ファイティングスピリッツのある男だった。

印象深いのは、まだ若手の一人に過ぎず、出場機会が少なかった時代のマキだ。トレーニングでは石のように硬く、当たられてもビクともしないウェズレイに対して、何度も跳ね返されながらそれでも向かっていった。彼は諦めることを知らなかった。

私の意見では、日本人選手の多くが外国人選手に対して少し遠慮があって、なかなか正面からぶつかっていけないものだ。でもマキはチャレンジ精神とハングリー精神を持ち、いつも「やってやるんだ」という闘志をみなぎらせていた。

ひと度ピッチを離れればユニークな人間であるのは誰もが知っているだろう。今ではすっかり芸能人で、テレビをつければマキが出てくるほどだ。その天性の明るさは昔からチームにポジティブな空気をもたらしてもいた。人並外れた向上心と明るさが、彼がトップ選手になるための大きな武器になったのは間違いない。

私がシュトルム・グラーツでプレーしていた当時、バイエルンやニュルンベルクでプレーした元オーストリア代表のアウグスト・スタレクという人が監督を務めていたことがある。若い選手が「ちょっと足が痛い」と言ってマッサージルームに行ったらその監督がやってきて、コインを横に積んでいく。要するにお小遣いをあげるから「しっかりやれ」と発破をかけるわけだ。

仮病で休むような選手は広島にはいなかったが、若い選手はまだまだ収入が低いし稼げない。だから一度、勝利したときに何か美味しいものでも食べるようにとお小遣いを渡したら、試合に勝つたびにもらいに来るようになった。「いったい、いくら掛かるんだ！」と笑ってしまった。

そういう状況もプロになって活躍すれば、すぐに変化する。かつては吉田町にある寮から自転車でトレーニング場に通ってきた少年が、数年のうちに高級車でやってくるようになるのだ。マキは広島のアカデミーの選手たちに夢を抱かせた一人だろう。そしてその全ては彼自身の努力によってつかんだものだ。

陽介もそうだが、そういう存在が抜ければ、当然、チームにとっては痛手だ。陽介不在の2010シーズンの反省というわけではなかったと思うが、マキ不在の2011シーズンは入れ替わりで水本裕貴がチームに加わった。彼はジェフユナイテッド千葉時代にオシムさんのもとでプレーしていた選手で、私が求めるベースをスムーズに理解することを期待した。獲得金額も予算の範囲内だったはずだ。

実際、シーズン途中で頭部を負傷して一時離脱したものの、その力をピッチで発揮してくれたと思う。

補強で起こるミスマッチ

オシムさんが率いていた千葉は選手にしっかりと役割があり、だからそれぞれの選手が力を発揮できていた。だが、オシムさんが去ったあとに他クラブに移っていった選手たちは、移籍先で思うように活躍できなかった印象がある。G大阪、そして京都に移った水本も、新天地を京都に求めた佐藤勇人も千葉時代ほどの力を発揮するには至らなかったと思う。

2010シーズンに川崎フロンターレから期限付きで広島に加入していた山岸智もそうだ。川崎F時代はオシムさんの千葉時代のようなプレーを見せられず、燻ぶっていた。しかし私は彼らに明確な役割さえ提示できれば、再び輝くと確信していた。だから山岸も水本も強化部との意見交換を経て獲得する運びになった。

オシムさんのチームはまるでオーケストラのように選手それぞれが異なる楽器を持ち、一つのハーモニーを奏でてみせる。端から見れば、選手の見栄えはすこぶるいい。そのために能力に期待して他クラブの強化担当が獲得に動くのだろう。

でも、いざその選手を獲得してチームでプレーさせてみると、千葉のときのような音楽をいっこうに奏でない。指導者が違うのだから当然なのだが、そこではオシムさんがどのようにオーケストラを編成したのかが見過ごされている。それでは調和の取れた音が出ないのも当然だ。

広島から浦和に移籍した陽介もまた、同じ状況だったように思う。広島ではあんなに輝いていたのに、と浦和の強化担当は思っていたのではないだろうか。

彼は決してスピードのあるタイプではない。インテリジェンスとアイディアに優れる選手だ。ハードワークが基本の、アスリート能力を全面に出すようなサッカーで力を発揮するのは難しい。でも、ひとたび彼の力が生きる役割を与えれば、必ず素晴らしい活躍をする。彼に合うコンセプトの中でプレーすることが重要なのだ。

私はのちに浦和の監督になったが、それからのほうが陽介は力を発揮できていたと思う。


ところで、なぜそういうことが頻繁に起こってしまうのだろうか。一つ考えられるとすれば、監督が必要とする選手を強化担当者が獲得していないからだろう。陽介の場合、ドイツ人のフォルカー・フィンケ監督が本当に欲していたのかと考えてしまう。フィジカルに秀でた選手を求めるのなら分かるのだが、全く違うタイプをどうしてチームに迎えたのか。監督と強化のすり合わせがしっかり行なわれていれば、まずこういうマッチングミスは起こらない。

クラブのフィロソフィーに沿って監督が選ばれ、その監督のフィロソフィーに合う選手を獲得するのが理想だ。その点を強化担当が理解していなければ、当然ミスマッチは起こる。

監督とのコミュニケーション不足か、そもそも強化責任者の能力の問題なのか。ヨーロッパでもこういうケースは見られるが、私が見る限り日本のクラブではより頻繁に起きているように思う。

以前、日本サッカー協会がヴァイド・ハリルホジッチを日本代表監督に招聘した。私から見れば、彼は守備に重きを置く指導者だ。そんな彼にパスサッカーを求めても無理な話だろう。選手の獲得も、あるいは監督の選定も、日本で仕事をする強化担当者は自らの目をもっと養う必要がある。これはクラブではなく代表チームの話だが、問題点が顕著になった分かりやすい例と言える。

そして、そこに絡んでいるのが代理人の存在だ。強化担当が自らの目を養うことなく、ただ代理人を頼って監督や選手を獲得するケースが増え続けると、コンセプトを持ったチーム作りも着実な強化も難しい。

そのチームの新監督に関係する代理人が、自ら抱える選手を送り込むようなケースも実際、この世界には存在する。そもそも代理人がクラブハウスに頻繁に出入りするのはいかがなものか。クラブは、もう少し自覚を持ったほうがいいだろう。監督もそれを許すべきではない。選手のクラブへの忠誠や目の前の試合への集中力を削ぎかねない。すなわち、チームの発展を妨げる可能性があるからだ。

控え選手へのアプローチ

２０１１シーズンは、1月から2月にかけて日本代表がアジアカップを戦い、決勝でオーストラリアを破って優勝した。その決勝でチュンソン（李忠成）がボレーを決めて一躍、時の人になった。広島に加入したのは２００９年の夏だが、当初はなかなかチームのやり方に馴染めず、本人も思い悩んでいたと思う。

それでも彼は努力を続けていた。２０１０年に佐藤寿人と山崎雅人がケガをした際にチャンスをつかみ、確か5試合連続でゴールを決めたはずだ。そして翌２０１１年には最終的には15ゴールを記録したと思う。

私は、選手たちに「常にチャンスをつかみ取る準備をしておくように」と声をかけてきた。サッカーの世界は移り変わりが早い。明日、私がクビになって新しい監督が来るかもしれないし、あるいはライバル選手の移籍が急に決まったり、ケガをして試合に出場できなくなったりして、突然、チャンスが回ってくるかもしれない。出番がないからといって腐って努力を怠っていたら、活躍する機会をみすみす逃すことになる。

「われわれがいる世界は他の世界よりも登っていくスピードは速いが、転がり落ちるスピードは、それ以上に速い」

これも常々、選手たちに伝えてきたメッセージだ。一度、活躍できたからといってそこで満足して努力を止めたら、落ちるのは早い。まさに一瞬だ。むろん、頭では理解できても、それを実践するのは容易ではないだろう。

しかし、これこそが一流と二流を分けるポイントだと私は思う。努力を続けられる選手だけが一流と言われるレベルに到達するのだ。

努力を続けた選手が報われるのは、監督としてもうれしいものだ。チュンソンの活躍と成長も、私にとっては大きな喜びだった。

森﨑兄弟との日々

広島時代を振り返る上で、カズ（森﨑和幸）と浩司（森﨑浩司）の存在は語り落とせない。彼らについてもここで触れておきたい。私が出会った頃、2人はすでに才能にあふれる若者でクラブの期待もサポーターの期待も大きかった。

だが、のちに自ら公表したように、現役時代はうつ病との闘いで苦しんでいた。症状がないときは素晴らしいプレーをするが、症状が表れると長い期間、休まなければならなかった。私は、彼らをいかに良い状況でプレーさせるかを考えた。

ときには監督としてだけではなく、親代わりとして、あるいは友人として、非常に近い関係性を築いてサポートできればと思っていた。私の家族、大輔も含めて食事をしたこともあったし、コミュニケーションを密に取っていた。休んでいる彼らには「待っている」と声をかけ続け、彼らのほうもパートナーの話、家族の話を含めて、そのときの思いを率直に伝えてくれていたと思う。私たちも彼らの病気について学んだし、そういう取り組みの中で、何でもオープンに話し合う関係になれたことはとても良かった。

私がつらかったのは、監督として彼らの才能を生かせないことではない。若く才能のある選手が病気のためにプレーできないことが苦しかった。症状が出ると、家にこもりがちになる。その結果、何カ月間かチームを離れるわけだが、そうすると復帰のハードルが必然的に高くなる。チームメイトと顔を合わすことなく、時間が経っていくと選手は戻るに戻れないと思ってしまうものだ。だから彼らの状態が上向いたタイミングで、監督主催のチーム会合を開き、彼らが戻って来やすい環境を整えたこともあった。

継続的な戦力とならないと判断し、他の選手の獲得に動くという選択もあったのかもしれない。しかし、私は現役時代にたくさんの指導者から、結果を超えたところに存在する大事なものがあると学んだ。サッカーは人がいるから成立する競技だ。つまり、人としてどうあるべきかが大切ということだ。その意味でどんな手を使ってもいいから勝つという考え方は、私が求める「人がプレーする」サッカーではない。

今の時代の若い指導者は、こういうフィロソフィーをバカげていると思うだろうか。もちろん、それも一つの考え方。否定はしないが、私が過去の監督たちから学んだのは「人としてどうあるべきか」の重要性だった。

現役を終えてからこれまで32年間、私はその点を大切にして指導にあたってきた。誰かが困っていれば、助けることは当然で、それが、人が社会で暮らすということだろう。

言うまでもなく、全ての決断の責任は監督である私が負う。その結果、チームがうまくいかなければ、私が責任を取ればいいだけだ。

カズも浩司もすでに引退したが、広島で育ち、広島でキャリアを全うした2人に出会えたこと、一緒に戦えたことを私は幸せに思っている。

東日本大震災を経験して

2011年シーズンは開幕戦でベガルタ仙台戦とホームで対戦し（3月5日）、東日本大震災がその6日後に起こった。吉田町のトレーニング場から帰宅してテレビをつけると、驚きの光景が画面に映し出された。

その日だったか、翌日だったか、あるいは数日経っていたのか。オーストリア大使館から連絡が来て、すぐに帰国するように促された。おそらく被災地に近いクラブの外国人監督や選手の中には帰国した人もいただろう。広島は幸いなことに被災地から遠く、私自身に大きな影響はなかったので、そのまま留まることにした。家族や友人など心配して連絡をくれたのだが、日本の選手たちがそこに留まる以上、残ることに迷いはなかった。

被害状況が少しずつ明らかになっていく中で、とてもサッカーをする状況ではないと分かってきた。それでも関係者の努力もあり、4月の末にリーグが再開された。（髙萩）洋次郎は被災地、福島県いわき市の出身で、実家は津波に流されたと聞いた。祖母が行方不明となり、複雑な思いを抱えていたと思う。

当時、私から言えることは限られていたが、選手たちには「プレーで少しでも元気を届けよう」と話し、「サッカーを見ている間だけは悲しい日常を忘れさせてあげられるようにプレーをしよう」と伝えた。われわれは、われわれの立場でできることに力を尽くすだけだった。

もちろん震災の全てを知っているわけではなく、ニュースとして伝わってこないところで悲しい出来事に直面していた方々は大勢いたはずだ。それでも私は見聞きしたニュースで、あらためて日本人の強さを見た思いだった。

避難所で生活する人々は食事を取るときも水を汲むときも、規律を乱すようなことがない。互いに助け合う心を持って過ごす姿に感銘を受けた。悲しみを乗り越えんと前に進む姿勢が、深く胸に刺さった。あれだけの災害に遭っても復興できる日本人の強さを、私は心からリスペクトしている。

広島を退団、浦和へ

広島での6年目となった2011シーズンは、7位という成績で終わった。結果的にこの年が広島でのラストシーズンになった。私は監督を生業にして長いが、5シーズン半、1つのチームを率いること自体、珍しい。普通の会社なら倍の11年間、働いたような感覚かもしれない。だから自分自身としても「そろそろかな」という思いは持っていた。

この時期、クラブの経営状態が芳しくないとも伝え聞いていた。そのため金銭面の理由もあって契約を延長できないと説明されたときには、私からとくに意見することはなかった。

かつての監督たちから学んだものの一つに「寝ているときも片目を開けておけ」と

いう言葉がある。両目を閉じて寝ていたら、次の日にはクビになる。だからどんなときも常に片目を開けて周囲の状況を見ておけという監督にまつわる格言のようなものだ。それほど監督とは刹那的な仕事という意味だろう。

そして「トランクは常に用意しておけ」という言葉も授かった。監督は明日をも知れない仕事だ。それを踏まえた上で目の前の仕事に当たれ、次の日に荷物をまとめて出ていくこともあり得ると心に刻んでおけという教えだった。

あのときの広島はいずれにせよ、変革が必要だったのだと思う。そうなれば選手10人を一気に入れ替えて変化を起こすよりも、監督を1人替えるほうが簡単だ。チームがマンネリ化したり、立ち行かなくなったときに、監督が責任を負うのは、この世界の常識だ。広島は長く暮らした街であり、関わった人の数も多いので離れるときは寂しさもあったが、私はただ去るのみだった。

自分の仕事の価値は、時間が経ってから分かるものだという。その意味で言えば、広島で自分自身が何をしたのか、私はのちに、しっかりと確認できた。今も当時の広島の選手や関係者とは笑顔で再会できる。もちろん、サポーターとも。その事実こそが自分がどんな仕事をしたのかを示していると思う。

2023年夏、（金子）拓郎が札幌からディナモ・ザグレブに移籍した。かつて私が在籍したクラブだ。もう40年も昔のことなのに「ミシャの話がよく出る」と拓郎は言っていた。オリンピア・リュブリャナやシュトルム・グラーツの人たちとも、私はいつでも笑顔で再会できる。

広島に行けば、クラブの人たちが喫煙所を教えてくれるし、言えばコーヒーだって用意してくれる。そういう関係性を築けたことは、私の人生における財産だ。

関わったクラブの未来とポイチさん

退団時のエピソードを一つ紹介したい。私の去就について織田さんと話をする中で、広島の次期監督について意見を求められた。トップチームコーチのヨコさん（横内昭展）とアルビレックス新潟でコーチをしていたポイチさん（森保一）が候補だったと記憶している。

2人とも初めてJクラブの監督を務めることになるわけだが、指導歴はヨコさんのほうが長い。ただし、コーチと監督はまた別の仕事。コーチ歴だけで決めればいいというものではない。

選手たちをまとめるという点においては、選手が現役時代を知っていて、なおかつ元日本代表でカリスマ性や威厳を持つポイチさんのほうが当時は適任だと感じた。キャリアの終盤にカズや浩司とも一緒にプレーしていたはずだ。もとより織田さんもそのつもりだったと思うが、私の言葉が少しは背中を押したのかもしれない。結局、翌シーズンからポイチさんが監督となり、ヨコさんがヘッドコーチとしてサポートする形になった。

自分の契約を終了させたクラブに対し、助言するのはおかしなことだろうか。私からすれば当たり前のことをしたまでだ。

プロサッカーの世界で一番大事なものは何か。

私は、クラブという存在そのものだと思っている。

監督も選手も、会長、社長やＧＭであっても、いずれはそこからいなくなる。変わらずに存在し続けるのは、クラブだけだ。

だから関わる人たちは常にクラブを一番大切に思って仕事をしなければならない。自分が去ったあとも良いクラブであり続けるようにと考えながら仕事にあたるのだ。

広島で過ごした5年半、私は常にそういう思いを持っていた。その後に率いた浦和でも、札幌でもそれは変わらない。

ポイチさんから連絡を受けたのは、シーズンの終盤だったと思う。「ミシャさんのあとを引き受けるのにあいさつしないわけにいかない」と言うのだ。誠実な彼らしい。広島市内のイタリアンレストランで食事をしながら、いろいろな話をした。

私が話させてもらったのは「私から学んだ良いものがあると思えば、指導の中で役立ててほしい。逆に悪いと感じたものがあれば、悪い見本として役立ててほしい」ということだった。

私をコピーするだけではもちろんだめで、ポイチさんはすでに指導者として仕事をしていたので、自分のアイディアやコンセプトを持って自分の色を出すべきだと言わせてもらった。

当時の広島はある程度、チームが出来上がっていた。だからそこにポイチさんのオリジナリティーを付け加えればいいと思っていた。実際、そのとおりになった。攻撃面ではうまく特徴を引き継ぎながら、守備力を高めて大きな結果を出した。私は（森脇）良太に「行け！」と言ったが、彼は「行くな！」と言っていた。

通算3度の優勝は、まさしく偉業だ。本当に素晴らしい仕事をしたと思う。

やがて日本代表を率いて、そこでも素晴らしい成果を出している。彼の仕事ぶりは、私にとって何ら驚きではない。監督である前に人としてどうあるべきかを知るポイチさんは、今や日本有数の優れた指導者になった。

その姿勢と仕事をリスペクトしているし、彼の仕事に心からの称賛を送りたい。

Coca-Cola

サンフレッチェ広島では6シーズン（5シーズン半）にわたって指揮を執った
＿ ©J.LEAGUE

第4章

2012年～2017年

浦和レッズ時代

怪文書が出回り、移籍先選びが困難に

サンフレッチェ広島で契約が満了し、私は新天地に浦和レッズを選んだ。だが、実はスムーズに契約を結べたわけではなかった。全く関係ないところで私に関する疑惑を持ち出し、交渉を妨害しようとした人間がいたからだ。

私の代理人がしっかり弁護士を立てて対応してくれたので結局のところ、疑惑は晴れたのだが、残念だったのは妨害に知り合いが関与していたことだった。

彼はかつて日本にいた人物で、仕事に困った過去があった。もう過ぎたことで、決着をみた事案なので詳細は言うべきではないだろう。私としては過去に彼をサポートしたつもりでいたのだが、逆恨みされたようだった。

オフィシャルか、アンオフィシャルかはさておき、広島を退団する私にはさまざまなクラブが興味を持っていた。ところがある日を境に突然、移籍話が無くなってしまった。よくよく聞いてみると、怪文書のようなものが出回っているという。それはオーストリア国内で報じられたニュース記事のコピーだったようだ。何が書かれていたかというと、私がオーストリア時代に八百長に関わっていたという内容だ。

すでにオーストリアの裁判で無実が証明されており、私が関わっていないのは明らかだった。私の代理人が依頼した弁護士が全く問題ないことをあらためて証明し、私の家族もオーストリアの裁判所に出向き、潔白を示す証明書類を受け取ってくれた。

私に全く問題はなかったのだが、一度、怪文書のようなものが出ると、日本のクラブはコンプライアンスを気にして慎重になってしまう。それは仕方がないのだが、実際に私は次の働き先を見つけるのが困難になってしまった。

そんな状況がしばらく続き、さてどうしたものかと考えているときに、浦和からオファーが舞い込んだ。織田さんがセッティングしてくれて、急きょ、広島市内のホテルで浦和の強化担当だった山道守彦さんと北野大助さんに会うことになった。

このときのことは、今でもはっきりと覚えている。彼らが私にオファーを出した理由は、広島の監督になったときと同じだった。岡田武史さんに断られ、西野朗さんにも断られ、3番目の候補者として私に会いに来たのだった。

これは定かではない話なのだが、2人は本来、別の誰かにオファーを出そうと考えていたようだ。そのせいなのか、交渉の席でも「絶対に来てほしい」という情熱までは感じられなかったが、とにかく橋本光夫社長が強く、私の獲得を望んでいるとのことだった。

浦和は言わずと知れた日本屈指のビッグクラブだ。しかしそのときに提示されたのは広島時代とあまり変わらない金額で、契約期間も1年限りだった。交渉に同席していた（杉浦）大輔には「一度、持ち帰って検討したらどうか」と言われた。

しかし、それでもいいと私は即決した。お金は二の次で、ゴタゴタにうんざりしていたこともあり、とにかく日本で引き続き仕事をしたいという思いが強かった。良い仕事をしていれば、お金はあとから付いてくる。それが私の基本的な考え方だ。

山道さんも北野さんも、まさか即決するとは思わなかっただろう。契約書にサインするときに彼らに対して「来年、年俸が倍になるな」と言っておいた。実際、1年後の契約延長交渉では増額されるのだが、あのときの言葉を彼らが覚えていたかどうかは分からない。

契約交渉というのは、とにかく面倒で時間がかかるものだ。代理人と強化部長が何度も交渉して、代理人は監督に、強化部は社長にその都度、おうかがいを立てる。このやりとりがどうにも面倒で、私は3度目の交渉から社長と直接話をすることにした。

こちらが希望の金額を提示すると、社長はすぐに検討してくれた。そして提示された金額を確認すると、そこには「多過ぎる」額が記されていた。誠意は十分に感じられたし、こちらから減額を申し出た。

ところが正式契約の場でも金額は変わらず大きいままだった。社長の熱意を感じたのは言うまでもない。

内側から見た浦和レッズ

外から見ていた浦和と、監督として内側から見る浦和は少し印象が違った。私が監督になった２０１２年のチームは、かつてのワシントンやポンテのような強力な外国人選手がいたわけではなかったものの、個の能力が高い選手はそろっていた。ただそのことがかえって、私のスタイルを浸透させにくくした。広島や札幌と比べても、最初のチーム作りは一番難しかったかもしれない。

浦和は日本屈指のビッグクラブであり、したがって個の能力が高い選手が集まってくる。同時に、個の力を発揮して勝ってきた歴史もあった。しかし、私のサッカーはコレクティブなスタイルだ。チーム戦術の中で個の能力を発揮しなければならない。それが実現すれば、より高いレベルに到達できるわけだが、最初はそれがうまくいかなかった。

加えて特徴的なのは、浦和が常時タイトルを求められるクラブであるという点だった。チームを新たに作り変えるとしても、とにかく時間的な余裕がない。1年、2年でチームを作り、3年目で勝負するようなプロジェクトは許されなかった。求められるのは常に上位争いであり、タイトルの獲得だ。

当時のチームにはマルシオ・リシャルデスや原口元気がいたのだが、彼らはどちらかと言えばオン・ザ・ボールが得意な選手だった。そういう選手が多いと、チームの中で機能するコンビネーションやコレクティブなプレーを実践しにくい面がある。ダイレクトやツータッチでプレーすれば、すぐに問題が生じてしまうし、そこへ3人目の選手が関わると、ボールがうまく動かず、攻撃も滞りがちになる。

オン・ザ・ボールの動きに慣れた選手たちに、オフ・ザ・ボールの動きを求めて「ここで動け」「ここでパスを受けろ」と説明しても、なかなか理解されなかった。彼らの頭の中にある最初の扉が開かないから、次の段階にも進めない。最初の鹿児島・指宿《いぶすき》キャンプでは大輔と「われわれは大変なところに来たかもしれない」と話し合ったものだった。

私が来る前年は残留争いをしていて、浦和の順位は15位だった。つまりギリギリJ1に残ったチームだったわけだが、前年度にそういう成績を残していても、サポーターはとにかく上位で戦うことを望んだ。それが浦和というクラブだった。

就任初年度は最終的に3位という結果は得られたものの、私自身は内容に不満だった。選手の個性の問題もあり、私が求めるスタイルが完全に浸透したわけではなかったからだ。後ろからビルドアップして相手を崩すような攻撃ができず、フィロソフィーに反して戦い方がやや守備的になってしまった。

育てる時間がないというジレンマ

浦和の監督には時間的な余裕がないので、必然的に選手をじっくりと育てることができない。そのジレンマを解消するには、自分のスタイルに合った選手を補強するより他なかった。その結果、強化部とすり合わせながら、チュンソン（李忠成）、（森脇）

良太、（興梠）慎三、（西川）周作らを獲得し、チームは徐々に形づくられていった。
そしてベースが固まってから、遠藤航や駒井善成、武藤雄樹らが加わり、もう一つ高いレベルに進んだと思う。

これまで何度も「なぜミシャは外国人選手を積極的に起用しないのか？」と質問されてきた。答えはシンプルだが、ここであらためて説明したい。

私のサッカーは、グループ全体で戦う。そういうスタイルだ。そこには当然、攻守の約束事がある。言わずとも規律を守ってプレーできるのが日本人選手の強みだが、そもそもチームには日本人選手のほうが多いわけで、人数的に少数派になる外国人選手よりも意思の疎通を図りやすい。結果、コレクティブというコンセプトを実現しやすいわけだ。

これは日本のサポーターや、あるいはメディア全般にも言えることだと思うのだが、外国人選手に対する期待がとにかく大きい。Jリーグ創設当初に有名な外国人選手がやって来た歴史が関係しているのかもしれないが、私からすると、その期待はあまりに大き過ぎる。プレーだけにフォーカスするのではなく、もっとその選手がチームの中でどのように機能できるかを見たほうがいい。１＋１が必ず2になるというような単純な計算式が成り立つわけではないのだ。まして、チームに入ってすぐに他の選手と掛け算を成立させて、大きな効果を生むような選手はそうそういない。

かつてのJリーグ、とくにJ1では外国人選手の質が多分にチームに影響を与えていた。強烈な外国人FWがいるとか、核となる外国人MFがいれば、上位に食い込めた時代が確かにあった。しかし時代は変わった。チームで機能しない外国人選手が起用されないのは十分にあり得る話だ。

獲得しながら、その選手が起用されないのはおかしいという声をたびたび耳にするが、間違いなくそこには起用しない理由があるはずだ。

例えば、ある外国人選手がチームにフィットしないときに、サポーターは「代わりになる外国人選手をいつ補強するのか」と考えてしまうようだ。そんな単純な話ではない。重要なのは、チーム戦術に合う存在かどうか。日本人選手か外国人選手かという話でもない。

外国人のDFが試合に出ないケースは現在でもよく見られる。たとえ1対1に強くても空中戦が得意でも、異国で日本人選手と関係を築き、規律を持ってプレーすることができなければ、監督としては起用できないだろう。日本には守備を重視する監督が多いと感じるが、彼らはなおさらそう考えるのではないだろうか。

GMに推薦した鈴木啓太とサポーターの存在

私が安易に補強に頼るタイプの監督でないのはすでに説明したとおりだ。だが、浦和には新戦力を獲得するクラブ力があり、補強をチーム強化に生かすことになった。ただ、そういう状況の中でも、私の就任前から在籍しながら、大きく成長を遂げた選手もいる。象徴的な存在として鈴木啓太の名を挙げたい。

私が監督に就任した2012年以前とその後で、彼のプレーは大きく変わった。そう感じた人も多いのではないか。啓太は私の求めるスタイルを吸収してボールをさばける選手に成長し、チームの攻撃の起点になった。不整脈のために、2015年でキャリアを終えねばならなかったが、その成長は私にとって、とても喜ばしいことだった。

啓太は人間性という点でも、チームにおける存在感という点でも素晴らしい選手だった。実は強化部長の山道さんが取締役を兼任するタイミングで、啓太をGMにしたらどうかと提案したことがある。彼はクラブのレジェンドであり、クレバーかつ人格者で、サポーターと正面から対話できる存在だったからだ。クラブの状況やチームの考えを発信するにはうってつけの人物だと思っていた。

だが、結局は実現しなかった。その理由はよく分からない。浦和はクラブの考えとサポーターの思いをもっとすり合わせることが必要だと、当時の私は思っていた。悲しい事件が起きたのは２０１４年だ。サポーターが人種差別的な横断幕を掲げた問題の処分として、われわれは無観客試合を戦うことになった。それは私の長いキャリアの中でも初めての経験だった。

無観客試合は、マイナス10度の中でプレーするようなものだ。その後、コロナ禍で再び無観客試合を経験することになったが、それ以前にあのやりにくさを体験したのはわれわれだけだろう。

公式戦であっても練習試合をやっているようで、淡々と時計の針が進んでいく虚しさを感じた。サポーターの熱がないスタジアムは味気ないものだ。誰かを傷つけるようなことはあってはならないし、ペナルティーを受けるような事態を二度と引き起こしてはならない。

2024シーズン、浦和は天皇杯の出場権を剥奪されるに至った。本来、クラブを愛する気持ちは誰しも同じはずだ。誰も望んでいないことが起きるのは、あまりにも悲しい。

もちろんクラブ側も努力してきたとは思う。ただ、その過程で人気を得るためにいろいろなことを許容してきた歴史が存在する。結果、一部サポーターとの関係が特殊なものになってしまった。多くは素晴らしいサポーターでいつもチームの背中を押してくれる人たちだ。選手もスタッフもサポーターも、全員が同じ方向に向かって進み、浦和レッズがさらに発展していくことを私は切に願っている。

啓太のような存在はそういう未来を築く一つのカギではないだろうか。浦和がより大きな栄光をつかむためにも、考えてみてはどうだろう。

トラパットーニからの学び

成長したという点では、原口元気もその一人だった。彼は熱い心を持ったナイスガイだが、一生懸命過ぎるがゆえに、ときとして感情を抑えられない一面があった。確か、国立競技場の柏レイソル戦だったと思う（2012年9月27日）。彼のプレーがその日は良くなくて、前半途中（開始27分）で交代を命じた。その交代を不服に思ったのか、彼は私の目の前で暴れてみせた。

「原口についてどう思ったのか」

彼の振る舞いを見たメディアから、試合後の監督会見で案の定、質問された。

イタリア人のジョバンニ・トラパットーニがドイツの名門バイエルンの監督だったときだ。交代を命じられたユルゲン・クリンスマンが看板を蹴飛ばして不満を露わにしたことがあった。試合後、クリンスマンの行為について記者に聞かれたトラパットーニは「私はその場面を見ていなかったから分からない」とだけ答えた。監督経験が豊富な彼らしい回答だった。

当然、トラパットーニはクリンスマンの行為を見ていたはずだ。しかし公の場で選手を批判すれば、メディアに変な形で報じられかねない。問題がさらに大きくなるかもしれない。選手と無駄に衝突する恐れもある。その意味でも「見ていなかった」と答えるのがベストだったと思う。

トラッパットーニから学びを得ていた私は、元気について聞かれたときに「見ていなかった」と答えた。そして試合後は、元気に対してこちらから直接、何かを言うこともなかった。

おそらく元気はベンチに下がったあと、自分がいないことでチームが負けても仕方ないと考えていただろう。しかし、実際にはチームはそこから2ゴールを決めて柏に逆転勝ちした（2－1）。しかもアディショナルタイムに決勝点を記録したのは、元気と交代でピッチに入ったポポだった。

そういう結果だったので、彼はきっと次の試合に出られないと思っていたに違いない。しかし私は迷わず先発で起用した。「あなたがいなくてもチームは勝てる」と示した上で、「あなたはチームにとって重要な存在である」と伝えたかったからだ。

彼自身、この出来事を境に、自分が変わらなければいけないと強く感じたと思う。そこから一層の努力を見せるようになり、2014年にはドイツのヘルタ・ベルリンからオファーを受けて移籍するまでに成長を遂げた。

原口元気が残した移籍金の使い道と外国人選手

元気が去ったあと、その移籍金を使って新たにビッグネームを獲得すべきだという声が聞こえてきた。有名な外国人選手をチームに加えろという意見を持ったサポーターも多かったようだ。すぐにチームの中心になり得る選手を獲得したほうがいいという考えだったのだと思う。

前述したように、私にはその考えは安直に思える。だから当時、クラブ内で未来のためにしっかりお金を使うべきだと主張した。その結果、資金の一部を使ってユースチームが使用するレッズランドの人工芝を張り替えた。今もその判断は正しかったと思っている。

当然、私の中には元気が抜けてもチームとして戦えるという考えがあったのだが、そもそも優れた外国人選手をそう簡単に獲得できるものではない。例えばシーズンに30ゴールを奪うような選手がいるなら私も喜んで獲得し、起用もするが、そういう選手は残念ながら日本にはほとんど来ないだろう。20年前ならあり得たのかもしれないが、近年、そんな例はほとんど見かけない。

柏にマイケル・オルンガというFWがいたが、すぐに中東のクラブへ移籍した（アル・ドゥハイル／カタール）。日本が資金力という点で、少し前なら中国、今なら中東と対等にやり合うことは難しい。

外国人選手の獲得を求める人たちに、逆に質問してみたい。現在、日本でプレーする外国人選手の中で明らかに日本の選手よりもレベルが高いと断言できる選手が何人いるのか、と。数えるほどだろう。ほとんどいないと思う人もいるかもしれない。そもそもそれなりの実績を持つ移籍金が高額な外国人選手を獲得できるJクラブの数は限られる。

数年前に名古屋グランパスが大金を払って元ブラジル代表のジョーを獲得したが、その価値をピッチで示しただろうか。

２０２４シーズン、私が率いた北海道コンサドーレ札幌は夏に外国人選手を複数人獲得した。サポーターの期待は大きかったようだが、新戦力である彼らがすでに私のサッカーに触れている既存の選手たちよりも大きく勝っているかというと、決してそうではなかった。

すでに訓練を受けた兵士と戦場に行くか、これから訓練する兵士と戦場に向かうか。残留争いという過酷な戦いの場に向かう上で、どちらが正解だというのか。

これは個人的な意見だが、Jリーグは日本のファン・サポーターが思っているよりも相当にレベルが高い。ベルギーリーグよりもJ１のほうが全体的なレベルで言えば、高いとさえ思う。オランダリーグにしても上位4チーム以外なら、Jリーグのチームのほうが上だと感じることは多い。

すでにJリーグは世界でも6番目、7番目ぐらいのレベルにはあると思う。Jリーグから他国のリーグに行ってすぐに活躍する選手がこれだけ増えている事実が、それを証明しているだろう。

これは外国籍の選手、監督として母国以外で長くサッカーを仕事にしてきた私の意見だ。他国でサッカーに携わるなら、選手なら選手、監督なら監督としてその国の人以上にベストと思われる存在でなければならない。そうでなければ、活躍することも生き残っていくことも難しい。

繰り返すが今、日本で日本のトップ選手よりも明らかに実力が上と思われる外国人選手がどれだけいるだろうか。

軽んじられた年間最多勝ち点

浦和での2年目は6位に終わったものの、Jリーグカップでは決勝に進んだ（柏に0－1で敗れて準優勝）。そして3年目はリーグで2位になり、4年目の2015シーズンは2シーズン制になったファーストステージで優勝。セカンドステージは4位で最終順位は3位に入った。天皇杯も準優勝で（G大阪に0－3）、試合内容に大きな手応えを感じるようになっていた。チームが良い形で進んでいるとの確信があり、あとはタイトルだけという思いをクラブ関係者全員が持っていたと思う。

就任5年目となる2016シーズンは、さらにチームとして洗練された。ヨーロッパのチームと比べても引けを取らないサッカーを見せていたと思う。実際、アーセン・ベンゲルさんやビラス・ボアスから称賛を受けるほどだった。

J1はチャンピオンシップで敗れ、優勝を逃すことになるのだが、われわれは年間勝ち点1位のチームだった。最後にタイトルを手にした年間3位の鹿島アントラーズとは勝ち点で15ポイントの差があった。

あえて言わせてもらいたい。チャンピオンシップ決勝は1勝1敗となり、アウェーゴールの差でわれわれは敗れた。チャンピオンシップの準決勝は1発勝負で、決勝はホーム・アンド・アウェー。アウェーゴールの設定も含めて、年間1位という成績が軽んじられた感は否めない。

リーグのレギュレーション設定に未熟な面があったまま、チャンピオンシップが開催された印象だ。実際、翌シーズンからが再びリーグは1シーズン制に戻っている。Jリーグが改善すべきだと判断したからに他ならない。

この年、最も優勝するに値したのは、リーグ戦で最も多くの勝ち点を積み上げた浦和だった。優勝できなかった悔しさではなく、悲しさが今も胸に残る。熱い応援で支えてくれたファン・サポーターと喜び合う機会を逃したのは、大きな失望だった。

リーグ戦はこうして不幸な形でタイトルを逃したが、せめてもの救いはJリーグカップで優勝したことだ。あのシーズンのチームは素晴らしい内容を見せており、選手やスタッフの頑張りを考えても無冠に終わってしまうのは、あまりにもったいないと思っていた。その点でタイトルを獲れたことはよかった。そしてそれは私にとって現在までに日本で手にした唯一のタイトルになった。

決勝では前年、天皇杯の決勝で敗れたG大阪と対戦した。先行を許したが、チュンソンが同点ゴールを決めて追いつき、延長も1－1のままPK戦で決着をつけることになった。

自分ではPKに縁がないと思っていた私ではあったが、あの試合では背を向けずに、ベンチ前で見守った記憶がある。あらかじめキッカーを決めるのではなく、蹴りたい選手に蹴らせることにしているのだが、G大阪との決勝で最後のキッカーを務めたのは遠藤航だった。

大輔が選手に聞いた話だが、実はチュンソンが5番目を蹴りたいと言ったようだ。でも航は「絶対に自分が蹴る」と譲らなかったという（チュンソンは4番手を務めた）。あの状況であのプレッシャーの中、責任を背負う覚悟を示したわけだ。彼がのちに日本代表のキャプテンとなり、リバプールでプレーするのもうなずけるエピソードだろう。

山道強化部長との間に生じた食い違い

2017シーズンは、監督就任から6シーズン目。それまで浦和で3シーズン以上、監督を続けた人物はいなかったというから、私は倍の期間、指揮を執ったことになる。それだけ時の流れが早いクラブであり、すぐに結果を求められるクラブということだ。

私はシーズン途中で浦和を去った。前年は素晴らしい成績を収めたと思うが、第19節終了時点で9敗を喫し、7月末に解任された。その時点の順位は8位。ワールドチャレンジでドルトムントと対戦して敗れ、続くセレッソ大阪、札幌とのJ1公式戦に連敗したあとのことだった。

シーズンの序盤から見せていた内容自体には変わらず自信を持っていた。だが5月に戦ったACLアウェーの済州ユナイテッド戦に0－2で敗れた試合後、山道強化部長と意見の食い違いが生じた。直後にホームで戦った済州戦では3－0で勝利を収めたが、おそらく強化部としては、そのときから解任するタイミングを探っていたのだと思う。

札幌戦は先制を許し、前半にマキ（槙野智章）が退場して一人少ない状態になった。それでも十分に追いつけると思ってハーフタイムに3枚の交代カードを切ったのだが、良太に代わって入った那須（大亮）が肉離れを起こしてしまう。その後は2人少ない状態で戦った。結局、終了間際にもゴールを奪われ、0－2で敗れた。

不運もあっての敗戦だが、それがサッカーであり、勝負の世界だ。最善の準備が必ずしも結果につながるわけではない。だからと言って私の考えは変わらないし、信念を曲げることもない。結果によって考えを変えていたらきりがないだろう。一番チームに近い場所で、一番チームのことを理解している監督の私が、自分の考えに自信を持っていなかったら、チームはたちまち路頭に迷ってしまう。

なんと時代遅れでオールドスクール（古典的）な監督だと思うだろうか。それでも構わない。自分の中にある監督とは、そういう信念の持ち主だからだ。かつて見てきた偉大な指導者たちは例外なく、一本筋が通っていた。もちろんオシムさんもそうだ。結果によって自分の考えを変えるような指導者ではいけない。


私が率いている間、浦和では外国人選手がスタメンに一人もいないという試合が何度もあったと思う。１９９３年に始まったＪリーグの歴史を振り返っても、日本人選手のみで戦ったチームとしてはかなりハイレベルなパフォーマンスを見せていたのではないだろうか。

それでも、たびたびそのことが問題視された。私の考えは理解されなかった。強化部との間に、起用法について意見の相違が生じていたのは事実だ。

私の仕事や考えが理解されないのなら、私はチームを去るしかない。解任を告げられたあと、妻は「自分の信じる考えを貫いたのなら、私はあなたを誇りに思う」と言ってくれた。

私が去った後で、浦和はＡＣＬを勝ち上がり、最後にはアジア王者になった。ビラス・ボアスからショートメッセージが届き、「これはあなたのタイトルだ」と言われたが、それは少し言い過ぎだろう。それでもラウンド16まで勝ち上がったのは事実なので、ここでは謙虚にタイトルの一部分だけは、私のものだと言っておこう。

2016年のＪリーグカップを制し、聖杯を掲げるミシャ。日本で獲得した唯一のタイトルとなった
＿ ©Getty Images

MITSUBISHI MOTORS
OUTLANDER
PHEV
XL

ピッチに飛び出しそうな勢いで指示を送るミシャ
＿ ©Getty Images

第5章

2018年～2024年

北海道コンサドーレ札幌時代

私も野々村社長も大バカ野郎

浦和レッズの監督を解任されたあと、すぐに北海道コンサドーレ札幌の社長だった野々村さん（芳和／現Jリーグチェアマン）から連絡が来た。それは誰よりも早いタイミングだったと思う。しかし最初に話をしたときは、札幌がJ1の残留争いの真っ只中にいた。だから私は自分の経験から「J2は特殊なリーグだ。もしJ2を戦うならJ2で戦うことに長けた指導者のほうがいいのではないか」と彼に伝えている。

野々村さんから連絡を受けたあとにも、いくつかのクラブから問い合わせがあり、オファーも届いた。中国など海外のクラブからのものもあったが、世界一の大バカ野郎である私の優先事項は高額なサラリーでも、クラブの規模でもない。美しいサッカーを見せた上で勝つというフィロソフィーが受け入れられるかどうかにあった。

この考え方は私の師匠にあたるオシムさんと同じだ。すでに話したとおり、彼はキャリアの中で、あのレアル・マドリードからの監督要請を断った。その理由もすでに説明したとおりで、自分のフィロソフィーを貫くためだった。

私のサッカーに対する思いを語る中で、私と同じ大バカ野郎である野々村さんと意気投合した。

「美しい攻撃サッカーを札幌に根付かせてほしい。それでJ2に落ちるなら、それも仕方がない」

確か、そんな言葉だったと思う。私が承諾したときには、すでに札幌のJ1残留が決まっていたと思うが、降格しても構わないと言えるクラブの社長は世界を見渡してもそうはいないだろう。その言葉が私の心に響いたのは言うまでもない。シーズン途中に解任された監督にすぐに声を掛け、攻撃サッカーを根付かせるためなら犠牲も覚悟の上だという。全くどうかしている。

クラブの方針と自分のフィロソフィーが完全にマッチした。私の中に、野々村さんのオファーを断る理由はなかった。

日本人スタッフは勤勉で優秀

札幌は、ビッグクラブではない。だから浦和のように個の能力に秀でた選手が続々と集まってくるチームというわけではなかった。一方でサンフレッチェ広島と同様に若く才能ある選手が台頭する土壌はあった。今日のサッカー界では出来上がった選手を獲得するほうが結果を出すには手っ取り早いが、札幌で目指すのは若い選手を育てながら、攻撃サッカーを根付かせることだった。

私は、その仕事に大きなやり甲斐を感じていた。チームを新たに作り変えていくにあたって、一つ幸運だったのは、私が監督に就任するタイミングで、前年まで札幌を率いていたヨモさん（四方田修平）がコーチになったことだ。

そういう例は日本では少ないのかもしれない。野々村さんとの話し合いの中で前任の監督と一緒に仕事をすることについて聞かれたが、私は問題ないと即答していた。どこかのタイミングで野々村さんからヨモさんにコーチ就任を打診したと思う。聞いたところでは就任について前向きという話で、非常に心強く思ったものだった。

一緒に仕事をして分かったのは、ヨモさんは人間性が素晴らしく、家族思いの熱い人で、いろいろな面でリスペクトできる指導者であることだった。私が来る以前のチームについて最も知っている指導者なわけで、チーム状況を素早く理解する上でも、とても大きなアドバンテージになった。

広島時代、最初は外国人のスタッフ（ランコ・ポポヴィッチ）もいたのだが、私はもとより自分を知る人間だけでスタッフを固めるタイプではない。日本人のスタッフは勤勉だし、わざわざ自国から連れてこなくても一緒に仕事ができると考えていた。浦和でも札幌でも同じようにスタッフを編成している。今振り返ると、そういう私のスタンスがこれだけ長く日本で仕事することにつながったのかもしれない。

その広島時代で言えばポイチさん（森保一）、ヨコさん（横内昭展）、望月（一頼）さん、カタさん（片野坂知宏）、ゴリさん（森山佳郎）、沢田（謙太郎）さん、佐藤（一樹）さん、シモさん（下田崇）、そして大輔ももちろんだが、一緒に仕事したみんなはサッカーに真摯に向き合う指導者だった。

そんな彼らとはキャンプに行けば、夜に私の部屋でＵＮＯを楽しんだり、とても良い関係を築けたと思う。私が彼らのその後の指導に役立つ何かを伝えられていたら、と思う。浦和や札幌で一緒に仕事をした指導者たちも含め、今後、日本サッカーの発展に大きく寄与してくれたら、本当にうれしい。

実績あるベテランと世代交代

札幌でも戦術の浸透、若手の成長を促す仕事とともに世代交代に着手した。ここでも注意しなければならなかったのは、実績があって長年クラブに貢献してきた選手たちの扱い方だ。

野々村さんはJ2時代に、注目を集め、よりクラブを大きくするために知名度のある選手を連れてきた。そのことで経営規模を拡大したし、彼らの貢献もあってチームとしても成長を遂げたと思う。

広島時代を振り返るときにも触れたが、彼らベテラン選手のキャリアは尊重されるべきだ。ただ一方で引退が近づく現実に抗えない部分も確実にある。私はクラブの将来を考える監督だ。それはつまりチームの未来を作るという意味でもある。だからこそ、その時々でチームの年齢的なバランスをいかに整えるかが大きなテーマになった。

実際、2018シーズンのチームの平均年齢は高かったと思う。

(小野)伸二、イナ(稲本潤一)、(河合)竜二ら四十前後の選手たちは、年齢を重ねている分、どうしても運動量や走力の面で私が求めるスタイルを実践できないところがある。彼らの存在をどうチームの中で生かしていくか。接し方や扱い方を誤れば、不必要な問題を抱えかねない。実際にそうした難しい状況に陥って、チームが暗転した例はいくらでもある。

リスペクトを持って接しながらも、どこかでしっかり線を引く。私の考えをはっきりと示すことを意識しながら、チームづくりを進めていった。

むろんベテランの選手たちはフィジカル能力が衰えても、技術まで失われるわけではない。戦術眼も備えているわけで、カップ戦やシーズンの要所でその力は発揮してもらわなければならない。だから彼らにモチベーションを維持してもらいながら戦うことに気を配った。その点ではうまくマネジメントできたのではないだろうか。

札幌でも最初のトレーニングは、広島時代や浦和時代と変わらない方法を取った。もちろん選手が異なり、インテンシティーの部分を変えながらになったが、基本的にやることは同じだ。それでも選手からすれば、私が就任する以前のチームとはいろいろな面で変化を感じたに違いない。

「同じ」と説明したのは、あくまでベースの部分についてだ。広島の監督に就任したのは２００６年。札幌の監督に就任したのは２０１８年で、当然ながらその間にサッカーのトレンドも変化している。私が求めるスタイルも相応の変化を加えていた。

具体的なトレーニング内容を一つ説明するなら、「試合の中で走ること」を重視した。私のサッカーで前提となるのは、まず走れることだ。スペースに入っていくのも、ポジションに戻るのも、走ることが全ての基本になる。私に限らず、現代サッカーでは、あらゆる戦術のベースが走ることだろう。

以前は素走りというメニューが多かったようだ。しかしながらサッカーで重要なのは、あくまでもゲームの中で走れるようになることだ。フィジカルトレーニングもボールを使ったメニューを増やし、より実戦を意識させた。本来、戦術的なトレーニングにしても、フィジカルを向上させるメニューにしても、その全てがゲーム状況を想定したものであるのが望ましい。

誤解してほしくないが、単純なフィジカルメニューをやらないからといって、トレーニングの内容自体がソフトになるわけではない。内容はハードだったと思う。走りの質と量を上げてベースを高めていった。

戦術の浸透が徐々に進み、２０１８シーズンは就任1年目ながらＪ１で4位という結果を得た。クラブ史上最高成績だ。しかし、それは望む戦いを実践して手にした順位ではない。後ろからつないでいく攻撃の形は残念ながら、まだまだ作れていなかった。チームに残っていた守備的な要素と若手の台頭、途中から出るベテランの力がうまく噛み合い、結果的に勝ち点を稼いだに過ぎない。広島や浦和の1年目と似た現象だったと言える。

仮に2年目も同じように守備的な要素も求めつつ戦っていたら、10位という最終順位よりも上を狙えたかもしれない。だが、それは私のフィロソフィーにも、クラブの方針にも反するものだ。

この判断について、私を「愚かな監督だ」と思う人もいるだろう。否定はしないが、それが私という人間だ。ただ勝つだけ、結果を出すだけのサッカーではクラブに攻撃サッカーは根付かない。魅せて勝つことを目指すのが札幌であり、ミシャ・ペトロヴィッチという監督なのだ。

キャリア史上、最も悔しかった決勝

就任2年目の2019シーズンは、Jリーグカップ決勝に進んだ。浦和では2016年に優勝し、札幌でも優勝に迫った。この年以降、札幌では6シーズンにわたって最初のステージを突破することができた。その事実をもって、私がカップ戦の得意な監督だと言う人がいる。自分ではそれが正しいかどうか何とも言えない。一つ言えるものがあるとすれば、大きな予算を持たないクラブでもカップ戦なら戦い方次第で勝ち上がる可能性が出てくるということだ。

リーグ戦で優勝するには長いシーズンの中でコンスタントに力を発揮する戦力が必要で、どうしても選手層の厚さが勝敗に関係してくる。それに対して短期で勝負できるカップ戦は、極端な話、その1試合に集中すればいい。やりようによっては上を狙えるのだ。

実際、歴代の優勝チームを振り返れば分かる。私は広島でも2009年に決勝に進んでいるが、いわゆる中堅クラブでも決勝に進むことは珍しくない。

札幌が決勝で対戦したのは、川崎フロンターレだった。あのときの川崎Fと言えば、

Jリーグの歴史に名を刻むような強いチームだ。正直に言えば、絶対に勝てると確信できるような相手ではなかったが、それでも私は良い勝負になると予想していた。延長も含めて2度、われわれがリードを奪った展開を考えると、あながち間違いではなかったと思う。

延長を戦って3－3で決着がつかず、迎えたPK戦では相手の4人目が失敗。われわれの5人目が決めれば勝利という展開になった。だが、残念ながら石川（直樹）が止められ、PK戦でも延長に入ると、6人目の進藤亮佑がストップされてしまった。

長い監督キャリアの中で何度も敗戦を経験してきた。だが、あの試合ほど残念に思ったことはない。北海道コンサドーレ札幌というクラブに初めてのカップをもたらし、どんなときも背中を押してくれる、私の愛するファン・サポーターとともに喜びを分かち合いたかった。

おそらく決勝を経験し、優勝にあと一歩まで迫ったことで、クラブにとってカップタイトルの獲得はより現実的な目標になっただろう。オシムさんもジェフユナイテッド千葉時代に獲得したのはJリーグカップだった。私が指揮を執る間には残念ながら成し遂げられなかったが、札幌には近い将来、カップを掲げて歴史の扉を開いてほしい。再び決勝の舞台に上がり、栄誉を手につかむことを願っている。

新戦術を導入した理由

2020シーズンは、新たな戦術にトライした。プレシーズンのタイキャンプからマンツーマンの守備を導入し、前からボールを奪いにいくスタイルに取り組んだ。

きっかけは広島で新たなフォーメーションを採用したときと似ている。相手チームの戦い方に対応するためだ。周知のとおり、攻撃的に戦うことをモットーとしているわれわれに対して、ほとんどの対戦相手が守備的に戦うようになった。まず、われわれの攻撃を警戒するのだ。

浦和やガンバ大阪といったビッグクラブであっても、そうだった。札幌の攻撃を止めるために守備から試合に入る。そして相手の攻撃は、ほとんどがカウンター狙いだった。

自陣のスペースを埋める相手を前にして、自分たちの攻撃スタイルを実践した上で勝利するにはどうしたらいいのかと考えた。その結果、守備の局面からもっとアグレッシブに攻めていこうという発想が生まれた。相手に対して常に強力なプレッシャーをかけ、ボールを奪って攻め抜こうと考えたのだ。そしてマンツーマンの守備に取り組むことになった。

最初は体力面でついていけず、多くの選手が強度の高さに苦しんだ。プレッシャーをかけるタイミングもつかめず、マークを外しては背走を強いられて苦しむケースが散見した。3バックの左ストッパーを務めていたフク（福森晃斗）は決して足の速いタイプではなく、紅白戦やトレーニングマッチで簡単に背後を取られる場面があり、それがたびたび失点につながった。

それでも選手たちは前向きに取り組んでくれたと思う。トライする中でミスが生じるのは当たり前だ。ミスについてはすでに触れているが、札幌の選手たちはチャレンジするからこそ生じるミスを重ね、そして次第に、この戦い方のポイントを体得していった。チームとして運動量で相手に勝れば、優位に立てるという手応えをつかんだと思う。

守備とは言っているものの、われわれがやったのは攻めの守備だ。目的はあくまでゴールを奪うことにある。引いて構える相手を崩すために、ポジションを変えながら前線に人を送り込む攻撃戦術を採用してきたわけだが、攻撃から守備に切り替わるとき、相手がボールをつなごうとしているときに、われわれからボールを奪いに行って取り返すことができれば、チャンスは大きく広がる。成功すれば攻守の境なく攻め続けるようなものだ。

前述のとおり、習得には時間がかかったのだが、シーズンが進んでいく中で、徐々にその効果が表れてきた。２０２０シーズンの順位表を思い出してほしい。優勝した川崎Ｆは、シーズンで3敗しかしていない。そのうちの1つはアウェーに乗り込んだわれわれに敗れて記録されたものだ（第26節・◯２－０）。

横浜ＦＭにもホームで３－１で完勝したが（第7節）、われわれの戦い方はポゼッション志向の強いチームにも狙いどおり有効で、Ｊリーグの中では斬新だった。シーズンを通して見たとき、選手の体力が持つのかと疑問を呈する人もいた。とくに夏場は厳しいだろうという声も聞こえてきた。そう思うのも無理はない。しかし、考えてみてほしい。資金が限られるクラブがオーソドックスに戦うだけで何かを手にできるだろうか。リスクを冒さないサッカーに魅力を感じるだろうか。

そもそも私は札幌の監督に就任するときに攻撃サッカーを根付かせてほしいとの要望を受けた。だから守備でも攻撃的なアプローチをすることに、ためらいはなかった。そしてチームはやり続けることでゲーム体力が向上し、難しいからこそ成功したときのリターンが大きいと実感していった。

また、体力的に厳しいとされるわれわれのスタイルにとって、ポジティブなルール変更があったことも大きかった。コロナ禍に入り、交代枠が3人から5人に拡大。それはフィールドプレーヤーの半分を交代できるという意味である。うまく選手を交代すれば、運動量を維持できるわけだ。

その反面、控えに豊富な選手を備える、つまり資金力で厚い選手層をつくれるクラブが優位にもなったのだが、それでも当時、新たなスタイルに取り組む札幌にとって交代枠の拡大は歓迎すべき変化だった。

トレンドとするのは言い過ぎかもしれないが、部分的であれ、札幌と同じようにマンツーマンを採用するチームが増えてきた。世界的にも近年、マンツーマンの守備は見直されたように感じる。

マンツーマン守備の複雑さ

もう少しだけ、マンツーマンの守備について説明しよう。マンツーマンと表現すると、ただ単に自分が担当する相手を一人マークすればいいと受け取られるかもしれない。

しかし、守らなければいけないのは常に自軍のゴールであって、ボールがどこにあるのか、ゴールがどこにあるのかを基準に考えながら、そして自分のマークだけではなく、味方をカバーすることも考えながら常に予測してポジションを取らなければならない。

われわれはボールとゴールを基準に考えるから、その状況において一番危険ではない選手のマークを放し（＝フリーにし）、自分たちが数的優位となる形を取ることを考えていた。それを瞬時に判断し、連続性を持って行なう。相当に複雑な守り方であるのが伝わるだろうか。だから形になるまで時間が必要だった。

前の選手は特に、どういうタイミングでアプローチするのか、どの角度でパスコースを切っていくのか、味方が予測しやすいようにアプローチをしなければいけないし、コースだけを限定することになれば相手に簡単に剥がされてしまう可能性がある。あるいはボールを持っている相手選手に多方向に蹴られる状況が訪れるかもしれない。ファーストディフェンダーとなる選手が、どれだけ相手に寄せられるのか、どれだけ相手の選択肢を消せるかによって、周りの味方のアプローチ方法も変わってくる。前からアプローチする選手の役割がとても重要になるわけだ。

例えば横浜ＦＭのセンターバックが２人いるとする。そのどちらの選手がビルドアップに優れているか、そしてボールを運べる選手なのかをまず把握しなければいけない。それと同時に守る際にはビルドアップが苦手な選手のほうへボールを誘導していくことが必要だ。どちらの足が利き足なのかも当然、考えるし、どこで相手の攻撃をハメにいくのかも考える。

こうしていろいろな要素が絡みながら、それを実行するための立ち位置やアプローチの角度、プレッシャーを外されたときにどう対応するのかを導き出していく。

そういうさまざまなことを一人ひとりが考えてプレーし、グループとしてもコレクティブなプレーが完成する。マンツーマンの守備は選手一人ひとりの責任が明確なため、どこかで綻びが出ると一気に崩れる可能性もある。一方で完璧に遂行できれば、相手の逃げ場はなくなり、高い確率でボールを回収し、優位に試合を進められるのだ。

ただ一人をマークして走り回ればいいわけではない。われわれは他のチームがまだやっていない難しいことにチャレンジして、予算規模による戦力差を埋めようと考えていた。

チームを作り直す札幌の性

私の就任1年目でサポーターの目線が上がったことは確かだと思う。もう少しでACL出場権に手が届いたので、それは当然だった。

しかし札幌の経営規模と予算、当時のクラブ力を考えれば、4位というのは期待された以上の結果だった。誤解を恐れずに言えば、継続して現実的な目標とできるような順位ではなかった。

このことは、はっきり言うべきだし、認識するべきだと私は思っていた。日本にはシーズンが始まる前に「優勝を目指す」以外の目標を口にすべきではないとする雰囲気がある。長年、日本で監督をやってきたので「やるからには頂点を」というサポーターの心情は分かっているつもりだ。

それでも私はクラブの置かれた立場と現実をしっかり発信すべきだと考えている。だから、周囲の期待値の大きさにとらわれず、われわれがやれることの中でベストを尽くせるかどうかが重要だと話してきた。

その意味から考えても、10位となった就任2年目の2019シーズンは、われわれなりのベストを尽くしたと思っている。

仮に主力選手がチームに残り、質の高い選手が加わるなら3位以内も目指せたかもしれない。だが、札幌はそれができるクラブではない。毎年選手が引き抜かれ、入れ替わっていく現実を踏まえて、いかに戦うかを考えなければならない事情がある。

2018年にピッチで多くのチャンスを生み出した三好康児が横浜FMへと去り、12ゴールを挙げた都倉賢もセレッソ大阪に移籍した。

その後のシーズンについても同様のサイクルが繰り返された。2019シーズンに活躍した鈴木武蔵は2020シーズン夏にベルギーのベールスホットへ移籍している。アンデルソン・ロペスは2021シーズン、前半だけで12ゴールを記録していたが、夏に中国の武漢に引き抜かれた。

もし武蔵とロペスがもう少し長い時間ともにプレーできていれば、2人でシーズン25ゴールは挙げていただろう。

武蔵にしても、ロペスにしても、札幌でプレーすることでさらに力を伸ばした選手だと思う。大輔から聞いたところでは、私のトレーニングを経験した選手たちの多くがうまくなっていると実感するそうだ。


多少時間はかかっても、トレーニングに真摯に向き合う選手は必ず伸びていく。ただ、私のもとで成長を遂げた選手は、より大きなクラブへ移籍する。その後もチャナティップ、進藤亮佑、高嶺朋樹、田中駿汰、小柏剛、金子拓郎と次々と選手たちが去っていった。夏に移籍した場合には、シーズン途中でチームを再び作り変えることを強いられる。その難しさに直面しながら戦うのはある意味で札幌の性（さが）なのだろう。

この現実を脇に置き、耳当たりのいい言葉だけを届けるのは逆に不誠実だと思う。だから私は正直に現実を発信したい。

前述したとおり、われわれは習得困難なマンツーマンの守備に取り組んだが、完成に近づく中で、何度も選手が入れ替わっていった。そこに難しさがあったことは、言うまでもない。

その海外移籍は本当に正しいのか？

移籍について私が常々、疑問に思っていたことを話そう。メディアの前でもこれまで何度か話してきたが、日本における海外移籍の考え方についてだ。

Jリーグのレベルはベルギーリーグと同等か、あるいは上であると、すでに述べた。それでも日本の選手たちは海外志向が強く、行き先を吟味せずに、とりあえず海外に出ることを重視しているようだ。

日本にはJリーグという世界に誇るべきリーグがあり、わざわざ飛び出してレベルの変わらないリーグや劣るリーグに行く必要はあるのだろうか。それが本当に選手自身のためになるのか、私には疑問だ。

最近では高校や大学からJリーグを経由せずに海外クラブへ加入する例も増えてきた。選手個人の生き方なので否定はしない。だが、それが成功への近道かどうかはよく考えたほうがいい。実際、そのあたりの認識が甘く、早々と海を渡って結局、日本に戻って来る選手も存在する。

チャレンジしないと分からないことがあるのは理解できるし、その選手にとって貴重な経験になるのも分かる。失敗がさらなる成功へとつながるなら、意味はある。とはいえ、勇敢さと無謀は違う。無謀なチャレンジは避けるべきではないだろうか。

これも指摘しておきたいが、クラブや代理人にも問題があると思う。その移籍が本当に本人のためになるのかどうか疑わしいケースも見られるからだ。たとえ才能がある選手でも、移籍先の環境に合わなければ活躍することは難しい。国内移籍でさえ、適応力を持つとされる選手が環境に馴染めず、苦しむケースをいくつか見てきた。海外なら、なおさらその確率は高い。異なる文化に飛び込む以上、ピッチ外での負担は大きくなる。本人のメンタリティーやパーソナリティーがより大きく移籍の成功・失敗に影響してくるのだ。

ヨーロッパのサッカーは、日本よりももっと人々の生活と密接な関係にある。外国人選手に対して多くの視線が注がれるがゆえに、批判に晒されるケースも多い。敗戦のスケープゴートにされるのは日常茶飯事だ。日本とはプロサッカーを取り巻く環境が全く違う。

人間的に成熟していないタイミングでいきなり海外のプロの世界に飛び込むには、タフなメンタリティーが不可欠だろう。相当な覚悟も必要なはずだ。

これは私の考えだが、ユースからや高卒、大卒のタイミングでプロの世界に入る選手はせめて2年間はJリーグでプレーし、コンスタントな出場機会を得るほうがいいのではないか。そこで認められるような活躍をしてからヨーロッパに向かうほうがいい。その活躍によって、しっかりオファーを受けるのが理想的な形だろう。

いきなりヨーロッパのトップリーグに行くのではなく、ステップアップを見据えて、別のリーグでプレーすればいい。その選択を誤ると、キャリアが暗転する恐れがある。自分の力が本当に必要とされているのかどうかを吟味し、リーグの運営面やクラブの力、さらに自分の将来像まで見極めた上で海を渡るべきだ。

三笘薫は大卒で1年目から川崎Fで結果を出し、2シーズン主力として戦って、自身の成熟を示したあとで海外へ移籍した。そんな彼も最初にブライトンに加入しながらレンタルでベルギーのユニオン・サンジロワーズに加わり、そこで修行を積んでいる。労働ビザの関係もあったのだろうが、理想的なステップアップを果たした。

今イングランドのリバプールに所属する遠藤航にしても日本で活躍したあとでベルギーのシント＝トロイデンＶＶに移籍し、ドイツのシュツットガルト、そしてリバプールへと着実に階段を上がっていった。こうした好例があるのだから、日本の選手たちは見習えばいいと思う。

将来像を描くことなく、ただ海外だからという理由でベルギーリーグの下位チームやオーストリア・リーグの下位チームに行くのはおすすめしない。以前、指摘したとおり、レベルはＪリーグと変わらないか、ともすれば下に当たるからだ。二束三文の値段で移籍するなど全くバカげた話だ。

ヨーロッパ各国のスカウトの目に留まりやすいという側面はあるものの、現在はすでに海外でプレーする日本人選手の活躍によって、日本市場の注目度が高まった。無理に海を渡る必要はない。自身の将来像をしっかりと描き、その価値を下げることなく移籍するなら、私は海外に行くことに反対はしない。以前、（荒野）拓馬にポーランドからオファーが来たのだが、私は彼に自分のこうした考えを伝えた。タク（金子拓郎）にも話したが、彼はディナモ・ザグレブへの移籍を決めた。私が話した意味を理解した上で決断したのだから、よほど覚悟があったということだろう。

若いうちに海外挑戦をするのはもちろん悪いことではないが、物には順序がある。関係者は本当にその選手のためになるのかどうか、そして本人は自分自身の準備が整っているのかどうかを見極めるべきだ。

そもそも所属選手が移籍したいと主張したときに、日本のクラブはなぜ簡単に承諾するのだろうか。その点も私にとっては疑問だ。ほぼ二つ返事でクラブは海外移籍を了承してしまう。私はクラブが「ノー」ときっぱり断った例をあまり知らない。

浦和時代の原口元気の例に触れたが、あのときクラブはしっかり移籍金を受け取り、ユースチームのために芝を張り替えるなど有効活用した。本来、移籍とはそうあるべきだ。そこにはビジネスの視点が必要であり、安価な移籍金で簡単に移籍させるのはいかがなものか。

クラブで育てた選手であるのなら、ビジネス的な視点から見てどうなのかを判断しなくてはならない。何でもかんでも簡単に認めてしまうのは問題だ。

２０２６―27シーズンからJリーグはヨーロッパと同じスケジュールで開催される。今よりも選手は海外に移籍しやすくなるかもしれない。Jリーグのさらなる発展を望むなら、一度立ち止まって選手の海外移籍について考えたほうがいい。問題点を整理し、対処法を真剣に考えなければ、サッカーの質の低下とリーグの衰退につながりかねないからだ。

シーズンの始動に間に合わず

札幌での4年目、２０２１シーズンは予想外のスタートになった。オーストリアのグラーツにある自宅から車で2、3分のところにシュトルム・グラーツのトレーニング場があり、そこには札幌と同じようにクラブハウス内にサウナが設置されている。私はその管理者と以前から知り合いで誰も利用していない時間帯に使わせてもらうことがあった。

２０２０シーズンが終わり、帰国してしばらくした年末のある日、いつものようにサウナに入らせてもらった。夕方の4時頃だったと思う。サウナを出て裸足で歩いているときに足を滑らせて大きく転倒してしまった。

シュトルム・グラーツのドクターも駆けつけてくれたが、左足を骨折し、救急車で運ばれた。夜7時過ぎには緊急手術を受けていた。

退院したのは、2週間後。自宅に戻っても普通に歩ける状態ではなく、手術から6週間後にもう一度、検査を受けなければならなかった。当然、札幌の始動には間に合わない。沖縄キャンプも参加できなくなった。あのときは、ただただ申し訳ない思いしかなかった。

こういうことは重なるものなのだろうか。実は年明け早々にコーチの（杉浦）大輔も甲状腺の手術をすると決まっていた。彼が私のケガについて報告を受けたのは、その手術の少し前のこと。1月上旬に手術し、月末に復帰する予定でスケジュールを組んでいたのだが、私が不在になるため、結果的に彼に復帰を急がせてしまったと思う。

クラブの関係者にも大変、迷惑をかけたが、不幸中の幸いだったのは、あらためて一緒に仕事していたスタッフの優秀さを確認できたことだ。映像やビデオ電話を通じてスタッフとは密にコミュニケーションを取っていたのだが、彼らは開幕に向けてきっちりトレーニングを進めてくれた。

結局、大輔は1月末に復帰し、私自身も開幕4日前（2月22日）に、熊本キャンプへ合流した。当時はまだコロナ禍で来日しても約2週間の隔離が必要だったため、2月上旬に来日しながら、東京のホテルに滞在しなければならなかった。知り合いの理学療法士に来てもらってリハビリをしながら、じっとタイミングを待っていた。

合流後、チームを驚くほどスムーズに指導できたのは、現場のスタッフが私の意図を汲み取り、準備を進めてくれたからだ。例えばケガ人が続出するような事態になっていたら、あれほどうまくスタートを切れなかったと思う。しかし、準備は万全だった。

もちろん監督には監督が責任を負う領域があって、そこは私自身でやらなければならなかった。例えば、チーム内に生まれる緊張感は、監督の存在によって初めて出てくるものだ。その意味では、開幕に間に合ったのは幸いだった。チームを引き締めた上でスタートを切れたからだ。

私がグラーツのコーチをしていたときに、オシムさんに代わってトレーニングを担当したことがあった。選手たちにいつもの緊張感がないと分かったものの、そこで無理に引き締めても、良い効果は生まれないと分かっていた。そこは監督の領域だと割り切って考え、私がやるべきこと、すなわちしっかりトレーニングを進めていくことに集中した。

札幌のスタッフの仕事ぶりから、そんなかつての自分の経験を思い出した。彼らは本当によくやってくれたと思う。

良い監督の定義とは？

「監督という仕事の魅力は何ですか？」

私が長く監督をやってきたからだろう。そんな問いかけをこれまでに何度もされてきた。プレッシャーはかかるし、責任も大きいのに、なぜこれほど長い間、やり続けているのかというのだ。

その答えは、いたってシンプルだ。

サッカーに対する愛。

私が監督をやる理由はただそれだけだ。17歳でプロになって、67歳になるまで半世紀、私はサッカーの世界で生きてきた。監督はプレッシャーもストレスも大きい仕事だが、サッカーを愛する気持ちや情熱が消えたことは一度もない。それがあるから、今もサッカーに関わっている。

私は貧しい家庭の出身で、サッカーの世界で成功することが自分や家族を豊かにする方法だった。ただそれも自分のコアな部分にサッカーに対する愛がなければ、やり続けることはできなかったと思う。

自分の感覚にしたがって言えば、例えばお金を第一に考える人の監督生命は短いものだ。契約金が自らの評価基準の一つになるのは、そのとおりだろう。しかし、そればかりにとらわれると肝心なものを見失ってしまう。良い仕事をしていれば、契約金はおのずと上がるはずだ。

新しいクラブと契約するとき、最初にやるべきなのはクラブの方針やそこに関わる人たちの考えをしっかりと理解し、自分に何を求められているのかを把握することだ。そこにズレがなければ、良い仕事ができる可能性は高い。

もしもクラブが求めるものに自分のフィロソフィーや能力がマッチしていないと感じたら、いくら契約金が高くても私は監督を引き受けない。それでもサッカーへの愛が尽きることはないので、そのときはカテゴリーを下げて別の仕事でもしながらアマチュアチームの監督を引き受ければいい。

監督として成功するために一番重要なことは何だろうか。これも、日本でよく聞かれた質問だ。

その答えも私にとってはシンプルだ。

重要なのは人間性。これに尽きる。

監督である前に、人としてどうあるべきかを大事にしなければならない。成功する選手とその点は同じなのだ。

人をリスペクトすること、正直であること、それが欠落している人間は指導の現場で言葉を発しても何も伝えられない。

言葉は契約書と同じだ。自分が発した言葉はそれだけ重いという意味だ。私と同世代の人はこの考えを理解してもらえると思うが、残念ながら今の世の中は違う方向へ向かいつつある。言葉の責任や人としてどうあるべきかが、しばしば忘れ去られているようだ。

悲しいことに、監督の中には自分の立場を利用して、選手からリスペクトを受けようとする人がいる。権限や権力を誇示したところで本当の意味でのリスペクトや信頼は得られるはずがない。自分の仕事ぶりによって関係を築くからこそ信頼は得られるものだ。少なくとも私はそう信じている。

選手が指導によって成長したと実感したとき、あるいはチームが向上したと感じられたときに初めて監督に対する信頼が生まれる。もちろん、サッカーに対する造詣が深いとか、選手たちのキャリアをアップさせるアドバイスを与えられることも、監督の重要な要素だろう。

ときには私もロッカールームで選手に向かって厳しい言葉を投げかける。当然それは選手のため、チームのためを思ってのことだ。私が発した言葉の全てが彼らの心に届いていたとは思わないが、少なくとも言葉の重みを理解せず、人としてどうあるべきかを考えられない監督であれば、そもそも厳しい言葉を受け取ってさえもらえないと思う。

タイトルを獲れない私の弱さ

子どもの成長を見守るように、私は選手に接してきた。先発組に対しても、控え組に対しても分け隔てなく、全員の成長を心から望んできた。

選手の立場はそれぞれ違う。だから1日のトレーニングで、全ての選手を満足させるのは不可能だ。その場合、どういうアプローチをすべきか。私は控え選手たちに対して気を配るようにしていた。というのも控え組が「このチームのために頑張ろう」と思っている集団は大きく成長するが、控え組の気持ちが離れているチームは決まって下降線をたどるからだ。控え組にチームにおける責任を自覚させるのは監督の大切な仕事と言える。

67歳になった今、自分が理想としてきた監督になれたかどうかは分からない。自信を持つ部分がある一方で、足りないと感じるものもある。サッカーにイノベーションを起こす、あるいはイノベーションを見極めることにおいては高いレベルの指導者だと自負している反面、監督として複数のタイトルを獲得できなかった事実があり、そこに私の弱さが表れているとも思う。

すでに説明したとおり、私は補強に積極的なタイプではない。育成型の指導者だと思うが、その結果、選手が成長し、良い形になってきたタイミングでチームの作り変えを余儀なくされてきた。そこで次の段階に進むために「この選手を獲得してほしい」

とか「この選手は絶対に放出するな」とか、クラブに強く主張できていれば、結果は違ったものになったかもしれない。そこに後悔はないものの、タイトル獲得という視点に立てば、それこそが私の弱さと言えるだろう。

札幌でも「彼らはマストステイだ。それができなければ俺がここを去る！ その上で2人良い選手を補強できたら必ずタイトルを獲る！」と強く主張することはなかった。私がやってきたのは、それとは正反対の行動だ。クラブに対してプレゼンテーションしてお金を工面してもらってタイトルを狙うのが監督の資質の一つだとすれば、私はその資質を欠いている。

もちろんそういう要求ができるクラブなのかどうかも関係するのだが、予算の工面や選手獲得についてクラブ側を納得させるような働きかけができなかった。これは事実だ。

とはいえ、今の私にこれまで過ごしてきたのと同じ年月が残されているとしても、やはり同じ行動を取ると思う。タイトル獲得のために予算が必要なとき、クラブに無理をさせることが私にはどうしてもできない。それは育ってきた環境のせいでもあるし、私の性分としか言いようがない。

プロの世界でも現役時代にはクラブの未払いによって、生活費が捻出できずに苦しむスタッフの姿を見てきた。見るに見かねたベテラン選手が資金を援助するようなケースもあった。そういう経験をしてきた私は、自然と今あるもので何とかしたいと考えてしまう。

毎月決まった日時にお金が振り込まれる日本では絶対にないだろうが、ヨーロッパの貧しい国ではクラブがお金の使い道を誤った挙げ句、未払いが続き、倒産してしまうケースさえある。そうなれば、クラブを愛する人たちが路頭に迷ってしまう。だから私は、創意工夫と成長によって状況を打開しようと試みてきたし、実際にそれができると信じてきた。

タイトルを欲するクラブにとって、あるいはファン・サポーターにとって、私は決して理想の監督ではないだろう。自分自身でも理想の監督になったとは思わない。ただそれでも私は、そういう自分の性分を受け入れている。

日本のレジェンド、小野伸二との出会い

私はこれまで多くの選手と仕事をしてきた。2018シーズンに札幌の監督に就任して出会ったのが、（小野）伸二だ。彼は日本サッカー界のレジェンドで、引退した2023シーズンまで6シーズン一緒に戦った。

オランダのフェイエノールトだったり、ドイツのボーフムだったり、ヨーロッパでも活躍した選手だが、札幌でともに過ごして彼がどういう人間であるかをより深く知ることができた。

驚くようなプレーを見せるだけではなく、人としての振る舞いが素晴らしい。あれだけ偉大な存在でありながら、周囲に気を配ることができる、彼の人間性を本当にリスペクトしている。彼が札幌に加わって北海道のために尽力し、クラブの規模もそれに比例するように大きくなっていったのは紛れもない事実だ。伸二の獲得は野々村さんの大きな功績の一つだろう。

私とともに過ごした時間は、彼にとってキャリアの終盤であり、出場機会は限られていた。それでも彼はその状況の中で常に前向きだった。トレーニングではいつも積

極的な姿勢を見せ、若い選手たちもその姿から多くを学んだはずだ。

豊富な経験を持つ選手として仲間にアドバイスを送り、クラブの広告塔になって営業面をサポートした。これは私の希望だが、今後も長く札幌のために仕事をしてほしい。彼の存在がこれからも北海道と札幌、さらには日本サッカーの発展を支えていくと思っている。


引退後も、札幌のトレーニングに顔を出せば、集まったサポーターの一人ひとりに時間が許す限り、対応していた。当たり前のようだが、偉大な選手であればあるほど、それは難しいことだ。彼が嫌な顔を見せている場面に遭遇したことがない。まさにプロ選手の鑑《かがみ》だろう。

そんな彼に、一つだけ文句を言っておきたい。

2024シーズン、Jリーグカップでわれわれはプレーオフラウンドを勝ち上がり、プライムラウンドに進んだが、対戦相手を決める抽選会で伸二がクジを引いた。その結果、相手は横浜FMに決まった。

2019年はグループステージで、2020年と2023年はトーナメントで横浜

FMと対戦していた。私が就任してから実に4度目の対戦になったわけだ。

2019年は1分け1敗でわれわれはグループ1位で勝ち上がったものの、2020年は準々決勝で当たり、PK戦の末に4－5で敗れた。そして2023年は1勝1敗ながら総得点で及ばなかった。何とも分の悪い相手をまたしても引き当てたというわけだ。

そのせいで、2024年も1勝1敗ながら総得点で劣り、敗退してしまった。

伸二が別のチームを引き当ててくれていたら、われわれはもう少し上まで行っていた……それはもちろん冗談だが、今後も伸二がくじを引く機会があったら、読者のみなさんは注目したほうがいい。伸二はくじ運があるのか、ないのか、そのときに判断してもらいたい。

興梠慎三は指示を出さなかった唯一の存在

2022シーズンの1年間だけ札幌でプレーしたのが、(興梠)慎三だ。すでにベテランの域に達していたが、前線で起点となり、チームに貢献してくれた。

最初にその存在を知ったのは彼がまだ鹿島アントラーズの選手だった頃だ。私は対戦相手の監督として、彼を将来有望なストライカーの一人と認識した。

マルキーニョスと柳沢敦という鹿島の強力な2トップに割って入るように台頭してきた印象がある。そのあとに成長を見せたのが今、ヴィッセル神戸でプレーしている大迫勇也だった。

外から見ていると、慎三はどこに走り込むのか分からない。そしてひとたびボールを受けたら、その瞬間に危険な存在へと変わる。本当に面白い選手だと思ったものだ。

浦和の監督として2年目を迎えるときに彼はチームにやって来た。振り返ると、私がオフ・ザ・ボールの動きについて細かいことを言わなかった唯一の選手かもしれない。なぜかと言うと、どこでポジションを取っていても最終的に相手の前できっちりボールを収めてみせ、チャンスを生み出したからだ。

例えば、「ここに入ってくれ」と要求しなくとも、感覚でそれを理解していた。もちろんチーム戦術の中で、このポジションに求められる役割がどういうものかは提示するが、その後は、彼がどういうふうにその役割を果たすのか、ただ見ているだけでよかった。自由な発想や彼の感覚的な部分を大事にしたほうが生きると思っていた。

彼もまた、人間性が素晴らしい選手であり、札幌で再会できたのは素直にうれしかった。２０２４シーズンで現役を引退し、今後は指導者の道に進むと聞いている。ストライカーは自分がゴールを決めればＯＫというエゴイスティックな選手が多い中で、慎三はどちらかと言えば、チームプレーヤーだった。常にチームの勝利のためにプレーしていたと思う。そういう彼だから間違いなく良い指導者になるはずだ。

ピッチを離れてもいい関係が築けた一人だった。チームを離れてからも何度か食事をともにした。彼もまた一緒に仕事することができて良かったと思える選手だ。きっとまたどこかで会うことができるだろう。

2019年のＪリーグカップでは決勝に進出。PK戦にもつれ込む大熱戦となったが、惜しくもタイトルには手が届かなかった ＿ ©Getty Images

Mihailo PETROVIC

北海道コンサドーレ札幌在籍中、歴代最多指揮となる監督通算525試合を記録した ©J.LEAGUE

第6章

2024年～

ラストシーズン
～日本サッカーへの提言～

降格の責任は私にある

2023年、私は北海道コンサドーレ札幌で監督として6年目を迎えた。日本でのキャリアを振り返れば分かるとおり、サンフレッチェ広島でも6年、浦和レッズでも6年半、チームを率いた。だからシーズンが始まる前に（杉浦）大輔と「一緒に7年目を迎えよう」と記録更新を誓い合った。

シーズンの前半戦、第17節終了時点で順位は8位だったと思う。しかし、横浜F・マリノスを1ゴール上回る38ゴールを記録し、リーグ最多得点をマークするなど、攻撃面では理想とする戦いができていた。

一方、守備面では失点が止まらず、夏に（金子）拓郎がディナモ・ザグレブへ移籍したこともあってチームの再構築を余儀なくされた。攻めの出力が低下し、その結果、失点を得点力でカバーする戦いができなくなっていった。

前半戦は7勝5分け5敗（38得点・32失点）と、勝利数が負けの数を上回ったのだが、後半戦は3勝5分け9敗（18得点・29失点）と逆に負けが先行し、得点力も大きく落ちた。前半8位だった順位も12位まで後退。失速と言われても仕方がないシーズンになった。

巻き返せなかったのは当然、監督である私の責任だ。選手はよく戦ってくれたと思う。

シーズンをトータルで考えたとき、この２０２３シーズンと翌２０２４シーズンは対照的に映る。クラブは私に札幌で7年目の指揮を執る機会を与えてくれたが、今度は前半戦で大いに苦しむことになった。

オフに主力が次々と移籍していった。ルーカス・フェルナンデス、田中駿汰、小柏剛が他クラブに去っている。

代わってかつて札幌でプレーした鈴木武蔵が復帰したが、近藤友喜、高尾瑠、長谷川達也らは初めて私のスタイルに取り組む。ある程度時間がかかると思いながらシーズンをスタートさせていた。

予想外だったのはケガ人が相次いだことだった。これぱかりは不運としかいいようがない。トレーニング方法に問題があったとは思わないが、結果的にシーズン前半にベストな状態で戦えた試合はほとんどなかった。言い訳をしたいわけではなく、長期離脱者も含めて10人以上が不在だった時期もあった。これは紛れもない事実だ。

さすがの私も頭を抱えた。だが、それでもJ2へ降格させない自信はあった。ケガ人はいずれ戻って来るはずで、新戦力も時間の経過とともにフィットしていくという感触があったからだ。


実際、夏以降はプレー内容が向上し、チャンスの数も増えていった。成績もシーズンの半分（＝第19節）を終えた時点で2勝5分け12敗（16得点・39失点）と大きく負け越し、最下位に沈んでいたものの、後半は7勝5分け7敗（27得点・27失点）と巻き返した。

しかし、あと一歩が足りなかった。終盤に失点する試合が続き、勝ち点をみすみす逃した。ケガ人も一人が復帰してはまた別の一人がケガをするような悪循環にはまった。戦力がなかなか整えられなかった中で、私自身もチームを大きく好転させられなかった。

第37節、古巣である広島との試合を迎える前日に、残留を争っていた柏レイソルがヴィッセル神戸と引き分け、2試合を残してJ2降格が決まった。

６シーズン、Ｊ１残留を果たしてきた。しかし私自身の新たな挑戦だった７シーズン目でファン・サポーターを失望させた。本当に心苦しく、申し訳ない思いしかない。残留させられなかったのは、全て私の責任だ。

クラブはシーズン途中に、２０２４シーズンが私の「集大成」と声明を出していた。その言葉の意味するところについては正直、違和感を持った。育てた選手が今もチームに残っているとか、私の全てを注げる状態にあるとかであれば集大成と言えるのだろう。しかし、現実はそうではなかった。

私は毎シーズン、持てる力の全てを捧げてきた。だからチームはその時々のベストであったと言えると思う。２０２４シーズンは苦しいシーズンだったが、それでも私はベストを尽くした。

その上で結果が伴わなかったのであって、私の集大成ではない。

ただ、私の力不足だったというだけだ。

95パーセント引退すると言った理由

第37節の広島戦後の監督会見で私は2024シーズン限りで「95パーセントは（監督の仕事を）終える」と話した。

正直な思いを、ここであらためて話したい。

私は18年半、シーズンとしては19シーズン、日本で仕事をしてきた。監督キャリアの中で最も多くの時間を過ごした国だ。広島で6シーズン、浦和で6シーズン、そして札幌では7シーズン、チームを率いた。他の監督の任期と比べれば分かるが、現代のサッカー界で、これほど長期にわたって一つのクラブで仕事をする監督は珍しいだろう。そしてそれが私の仕事の特徴的な部分とも言える。

67歳になった私が、次にまた新しいクラブと契約を結び、6シーズンや7シーズン戦っていくのは現実的ではない。そうかと言って1年、2年のスパンのオファーが来ても、それが私にとってやるべき仕事なのか、という思いもある。

70歳を超えて指揮を執っていた前例があるのは知っている。柏を率いたネルシーニョ監督は72歳になるシーズンまでチームを率いたと聞いた。だが、2025年に68歳になる私が札幌と同じ期間、指揮を執ったら、契約終了時には75歳になっている。広島戦の少し前からそういう年齢的なことも踏まえていろいろと考え、試合後にああいう発言をした。

それでも100パーセントと言わず、95パーセントと口にしたのは、監督という仕事の性質上からだった。これまで話してきたとおり、監督業では、あらゆる事が起こり得る。例えば今夜突然、引退に傾いている私の心を動かすような思いがけないオファーが届くかもしれない。「この仕事は自分が引き受けるべきだ」と、私自身が思うかもしれない。

プロフェッショナルとして私の力を求められていると感じ、自分がそのクラブの力になれると思えば、再び指揮を執りたいという気持ちが芽生える可能性がある。それは私自身でも全く分からない。

どのクラブでもいいわけではないし、どんなオファーでもウェルカムというわけでもない。私でなければというオファーなら、考える可能性があるということだ。だから「95パーセント」と言った。

それに、札幌を降格させた私がすぐに次のクラブに行くのは私の生き方ではない。札幌という土地も、コンサドーレというクラブも、私にとっては特別な存在だ。どんなときも応援し続けてくれたファン・サポーターには心から感謝しているし、この7年間、私は本当に幸せだった。

にもかかわらず、最後にチームを降格させてしまった。責任を感じているし、自分自身に失望している。良い仕事が出来なかった自分が、この状況で、次の仕事を始めるのは難しい。すぐに日本で仕事を再開することは考えられなかった。

青山敏弘との運命に思う「サッカーは人をつなぐ」

札幌のファン・サポーターを思うと心が痛かったが、広島戦はとても感慨深い試合だった。人をつなぐという、サッカーの素晴らしさをあらためて知ることになったからだ。

およそ19年前、私が日本に来て、初めてJ1で指揮を執った試合でアオ（青山敏弘）もJ1にデビューした（2006年7月19日／第13節・名古屋グランパス戦・○3－2）。

つまりわれわれは一緒にキャリアをスタートしたようなものだった。それが19シーズン経って、同じ舞台でこのタイミングで試合をするとは。試合後にアオの引退セレモニーがあって、私も1試合を残していたが、ひょっとするとこのまま監督を引退するかもしれないと心の中で思っていた。ここで巡り合うなんて、不思議に思うと同時にとても感慨深かった。

試合後にアオと抱き合ったときには、何年ぶりか分からないが久しぶりに息子と会った父のような気持ちになった。父が自分の息子が引退するのを目の前で見届けるのは……やはりこみ上げる思いがあった。

ヨーロッパでもそうだったが、（柏木）陽介、マキ（槙野智章）、（森脇）良太、（髙萩）洋次郎、そしてアオと、私は日本でもたくさん若い選手を育ててきた。彼らには「一流の選手である前に一流の人間であれ」と繰り返し言ってきたが、本当に素晴らしい成長を遂げたと思う。素晴らしい人間性を持つ選手になった。

困っている人には手を差し伸べ、スタッフはもちろん、ファン・サポーターに対して常にリスペクトを持って接すること。それができなければ、自分自身が相手から尊重されることはない。彼らはそれを分かっているし、それぞれがチームを引っ張る存在になったことを私も誇りに思う。

アオは最後まで広島で現役を続けた。芯のある選手で、人間性が本当に素晴らしい。指導者の道に進むなら、きっと優れた指導者になるだろう。選手として大成する前に、まず人としてどうあるべきかが大事だということを若い選手たちに伝えていってほしいと思う。

私が愛する札幌のファン・サポーターへ

降格が決まったあと、最終節前のトレーニングのときに私は選手にこんなメッセージを送った。

「この結果については監督に責任がある。一番やってはいけないのは、降格した責任を人に押し付ける行為だ。最後の試合に向けて、チームが1つになって勝利を届けよう。君たちはまだまだ若い。これからもキャリアは続く。胸を張って前を向き、次に向かっていってほしい。われわれの国に『死なない限りは何でもできる』という格言がある。そういう思いを持って、より強くなって次に進んでほしい。チームに残る選

2024年 12月 1日の J1第 37節、エディオンピースウイング広島での広島対札幌戦で、
引退を表明した愛弟子・青山敏弘と抱擁をかわす＿©毛受亮介 /BBM

手たちは来年、J2をしっかり戦って、1年でJ1に戻ってきてほしい」

かつてオーストリア・リーグでプレーしていて、今指導者をやっている友人がいる。その昔、彼に「人生には、世の中には、サッカーの試合に負けるよりも、チームが降格するよりも、もっと悲惨な事がたくさんある」と言われたことがあった。彼の息子さんは事故で両足が麻痺し、ボールを蹴られなくなった。それでも息子さんは悲しい出来事を乗り越え、前向きに強く生きている。

選手は来年もボールを蹴ることができるし、サッカーの世界で這い上がるチャンスがある。降格は悔しい結果だが、責任は監督にあるのであって選手にはしっかり前を見て進んでほしいと思っていた。

迎えた最終節はホームで柏に1－0で勝利した。相手は残留がかかっており、われわれは降格が決まっていて、メンタル面で非常に難しい試合だったのは間違いない。それでも選手たちは、ファン・サポーターがシーズンの最後を笑顔で終われるようにと力を尽くして戦った。

（近藤）友喜が決めた前半5分のゴールは、札幌がやり続けてきた攻撃的なサッカーの一端がピッチに表れたものだった。私は常に攻撃的なサッカーを求めてきた監督だが、難しいシチュエーションの中で、選手たちはこれまでやってきたことをピッチで示してくれた。信じてやり続けた選手たちをあらためて称賛したいと思う。

そして札幌のサポーターにもあらためて感謝の思いを伝えたい。最終節前のトレーニングのときに、私は一度、リハビリのためにクラブハウスを離れたのだが、しばらくして戻ってきたら、寒い中、まだサポーターが30人くらいいて、「ミシャ、ありがとう」と手を振ってくれた。

どこの世界に、チームを降格させた監督に感謝してくれるサポーターがいるだろうか。私のやってきたことが報われた思いがしたし、胸が熱くなった。札幌の方々は本当にどんなときもわれわれをサポートしてくれた。それが私の中で札幌を特別なクラブにしている最も大きな理由だ。

残留という最低限の結果を得られず、良いシーズンだったとは言えない。その責任を痛感している。私の今の望みは２０２５シーズン、札幌のサポーターが一つでも多く笑顔になることだ。新しい体制でスタートするクラブの成功を心から願っている。

私の後継者、杉浦大輔

大輔とは本当に長い付き合いになった。織田さんとともにグラーツにやって来たときは、数日間、通訳を務めるだけだったはずだ。まさかその後、20年近くプロサッカーの世界で一緒に仕事するとは思わなかった。

広島で仕事を始めた当初、私のアイディアを選手に共有させるのは相当難しかったと思う。当時の日本にはない考え方を伝えているのだから、どのような言葉で伝えればいいのか、試行錯誤していたはずだ。ある程度、時間が経過する中で次第にチームが形になり、大輔もコーチングについていろいろ勉強して、選手に対する伝え方をつかんでいった。それは決して簡単な仕事ではなかったと思う。浦和や札幌が「大輔さんも一緒に」とオファーするのは当然と言えば当然だった。

大輔との関係で唯一の問題は、私はタバコを吸うが、彼は吸わないことくらいだろうか。だから彼は煙から遠ざかるように逃げていく。そのときだけは二人の関係に一瞬、距離ができたが、それ以外はあらゆることでサポートしてもらった。

浦和時代のことだ。ある日の夜、大輔から電話がかかってきた。「監督、もしかしたらちょっと問題になるかもしれない」と言う。「何の問題だ」と聞いたら、「いや、ちょっと週刊誌に記事が出そうです」と。

何かとんでもないことをしでかしたのかと思ったら、「女性と写真を撮られた」という。「自分の名前も出るし、迷惑をかけるかもしれない」というわけだ。私は思わず笑ってしまった。「何も問題ないだろう。お前、独身だろ」と言って、すぐに電話を切った。何が問題なのかさっぱり分からなかった。事件でも起こしたなら大変だが、熱愛報道ぐらい大したことはない。事件を起こすよりも「よほどそっちのほうがいいぞ」と思うだけだった。

そんな大輔とともにやってきた19年で心残りがあるとしたら、やっぱりタイトルを一つしか獲得できなかったことだ。チャンスは何度かあり、リーグタイトルにも手をかけたが、結局、Ｊリーグカップを1度掲げただけになった。ともに喜ぶ機会がもっとあればよかったと思う。全てのカリキュラムを終え、この春、大輔は監督のプロライセンスを取得する。今度は、その手でカップを掲げるチームを作り上げてほしい。

私を継承するのは、彼なのだろう。監督になった彼の横に、今度は私がコーチとしていたら面白いかもしれない。もちろん冗談だが、大輔がいなければ、これだけ長い期間、私が日本で仕事をすることはできなかった。私は日本語を話せないから、彼が話していることが私の言っていることだった。それがうまく伝わったからこそ、日本でこれだけ仕事を続けられたのだと思う。大輔がいてくれたのは、とても幸運だった。彼の伝える力には太鼓判を押したい。

時々はナーバスになる私を理解し、常に一緒に仕事にあたってくれた。もちろん、彼はすでに一人の指導者だ。私のコピーをする必要はない。コピーとオリジナルは違うからだ。これからの仕事に役立つものがあれば役立てればいいし、そうでなければ別の方法を取ればいい。私は指導者、杉浦大輔の今後に大いに期待している。

日本サッカーのさらなる発展を願って

日本のサッカーはこの20年で目覚ましい発展を遂げた。Ｊリーグのレベルは格段に上がり、海外でプレーする日本人選手の数も大幅に増えた。今ではヨーロッパのトップリーグでレギュラーとして活躍する選手もいるほどだ。

そうしたピッチ内の発展に比べて、残念に思うのがピッチ外の発展に関してだ。選手の移籍交渉やクラブと代理人の関係、監督とコミュニケーションが乏しい強化担当の存在や、プロフェッショナルのＧＭの数がまだまだ少ない点については、すでに述べたとおりで改善の余地がある。進歩が必要な分野と言っていいだろう。

加えて強調しておきたいのが、日本のメディアにおけるサッカーの扱いだ。おそらく日本国内のナンバーワン・スポーツといえば野球になるのだろう。ニュースを見ていても、プロ野球の話題ばかりでサッカーの扱いは極端に少ないと感じる。北海道では試合のない日であっても北海道日本ハムファイターズの情報がまず放送される。Ｊリーグは仮に試合があったとしても結果が流れる程度だ。

19シーズンにわたって通訳、2009年からはコーチも務めた杉浦大輔氏と
©Glaretone/Hideyuki EMOTO

広島の監督時代、宮崎でプレシーズンのキャンプをしていたら、いつもは多くても4、5人しかいない記者が、突然20人以上に増えていたことがあった。記者の人たちに「なぜ来たのか」と尋ねると、「今日は（読売）ジャイアンツの練習が休みなので来ました」と言われてしまった。ジャイアンツの練習場所と、われわれのトレーニンググラウンドがすぐ側だったのだ。

私はあまりに正直な答えに思わず笑ってしまった。彼らは上司の指示か何かで仕方なく広島の練習を見に来ていたのかもしれない。何度も話してきたエピソードだが、この国の状況を象徴しているように思う。

日本では伝統のある野球というスポーツに関わっている人の数が多い。メディアとも長い歴史の中で密接な関係を築いているようだ。それは野球が生活のレベルにまで深く関わり、根付いているということでもあるだろう。私から見ると、プロ野球がナンバーワン・スポーツであり続けている大きな理由だ。

女性や子どもが安全にスタジアムに足を運べるのは日本サッカーの素晴らしい点だが、層を広げるだけはなく、より深く浸透させることも考えてはどうだろうか。メディアも当然、その役割を担わなければならない。結果だけを伝え、結果だけにフォーカスする人たちを生み出すのではなく、サッカーのスタイルやゲーム内容も話題にのぼるような伝え方をしてほしいものだ。

世界ではサッカーが間違いなくナンバーワン・スポーツだ。

サッカーとともに生きてきた者としては、日本でもニュースの半分くらいはサッカーの話題であってほしい。大谷翔平（ロサンゼルス・ドジャース）の話題もいいのだが、遠藤航や三笘薫も同じくらい取り上げるべき選手だろう。チャンピオンズリーグで活躍する日本人選手はメジャー・リーグでプレーする選手と同様に、あるいは世界のマーケットからすれば、それ以上に大きな存在であるはずだ。リバプールでプレーする航のヨーロッパでの知名度は相当なものだろう。

幸いなことに今、日本代表が目覚ましい活躍を見せている。これは日本サッカーがさらに大きく発展するチャンスとも言える。日本では代表チームの存在がサッカーの存在価値を大いに高めるからだ。

私が思うに、日本での発展にはJリーグの隆盛とともに代表チームの活躍が不可欠だ。ポイチさん（森保一）が率いる現在の日本代表は、カタール・ワールドカップで素晴らしい成績を残したあとも、継続して成長している。

この機を逃す手はない。日本代表の活躍はもちろん、それを伝えるメディアの役割にも期待している。

19年間で感じたJリーグの変化

私が日本に来た当時、Jリーグには守備のオーガナイズを優先する指導者が多かった。しかし最近は、とくに若い指導者の中に戦術面で攻撃を重視する人が増えたと感じる。

かつては選手任せで即興性に頼った攻撃がほとんどだった。だがここ2、3年は攻撃戦術を積極的に取り入れ、意図を持った攻めを見せるチームが目立ってきた印象がある。その内容をしっかり見れば、それが偶然なのか、トレーニングで落とし込んだものなのか確認できるだろう。

これは良い傾向だと思う。プロの世界に生きる監督は多くの場合、まず結果を求められる。当然のことだが、力点をそこだけに置くと、どうしても攻撃戦術は後回しになりがちだ。

残念ながら、攻撃的なサッカーは良い内容を見せたとしても勝てないケースがある。たとえレベルの高いチームであったとしても自陣に引きこもった相手を攻めあぐね、結局、カウンター1発にやられてしまう試合を見たことがあるだろう。

そもそも攻撃的な戦術をチームに落とし込むにはある程度、時間がかかる。一方でプロの監督は結果を示さなければ、すぐにクビを切られる存在だ。だから比較的、即効性のある守備の構築にまず着手するのではないか。自分が生き残るために手堅いやり方を選択せざるを得ないのだと私は思う。負けないサッカーを目指し、勝ち点1をしぶとく拾うようなサッカーを求めてしまうのは、ある意味で仕方がない。

私が野々村さんに言われたように「攻撃サッカーを根付かせてほしい」などというオファーは普通あり得ないし、勝利を義務付けられた中で、攻撃サッカーを貫くのは相当な自信と経験を持ち、強い信念がなければ難しい。

だが、ここ最近は状況が変わってきたようだ。ロアッソ熊本の大木武監督は昔から変わらず、信念を貫くリスペクトすべき監督だが、若い指導者の中にも同様の志を持った監督が現れてきたと感じる。

これは歓迎すべき傾向だ。

私はタイトルに関しては縁がない監督だが、攻撃の形を形づくることに関しては信念を持って取り組んできた。同じような信念を持つ指導者が作るチームに注目してほしい。それは間違いなく、Jリーグを魅力的にするはずだからだ。

サッカーは誰のためにあるのか?

私は日本で率いたどのチームでも、常にトレーニングをオープンにしてきた。その理由を聞かれるたびに、「非公開にする理由がない」と答えてきた。サッカーが誰のためのものかを考えれば、分かるだろう。

私は子どものころからサッカーを見るのが好きで、サッカーによって人生が豊かになったと思っている。人生に影響を与えられるサッカーの素晴らしさを、一人でも多くの人に感じてほしい。そう思ったら、隠すことなどあり得ない。

サッカーを見たいと思う人がいるときに、サッカーは初めてサッカーたり得る。それがこの競技が持つ重要な側面だ。プロのサッカーなら、それはファン・サポーターのために存在していると言っていい。

われわれはコロナ禍を経験し、ファン・サポーターがいるスタジアムがどれほど幸福な空間であるかを思い知った。選手もその中でプレーする意味をあらためて理解したはずだ。

各クラブが集客のためにいろいろな活動をしていることは知っている。しかし、「スタジアムに来てください」とお願いするわりに、トレーニングをクローズするクラブが多いのはどういうことなのか。私はそこに矛盾を感じずにはいられない。

公開される日々のトレーニングを見て、その週末の試合がより楽しみになるという人は大勢いると思う。日本にサッカー文化を根付かせたいなら、本当にサッカーがある日常を作りたいのならば、各クラブがもっとオープンに活動していくべきだろう。

そもそも見に来る人が存在して初めて、プロのサッカーが成立していることを忘れてはいけない。

私がかつて指導を受けた人たちは、みんなが良いサッカーを見せようと努力していた。つらい日常があっても、それを忘れてしまうほど楽しめるサッカーを見せることが、われわれプロサッカーに携わる者の務めなのだ。

スタジアムは日常を忘れられる空間でなければいけないし、楽しい場所でなければいけない。トレーニング場にわざわざ足を運んでくれる人たちを大切にしなければいけない。サッカーが持っている特別な力を生かすべきだ。

サッカーはそもそも労働者階級のスポーツで、貧しい人たちの娯楽だった。私の子どもの頃は、お金持ちはテニスをやっていたものだ。サッカーの世界でベストプレーヤーと言われる人たち、例えばペレもマラドーナも、みんな貧しい環境で育った人たちだ。人の痛み、そしてサッカーの力を知っているから、心躍るプレーで、彼らは世界中を熱狂させた。世界は昔よりも裕福になったかもしれないが、苦しみや悲しみを抱えている人は依然として存在する。プロとして、何をすべきかを考えなくてはいけない。

サッカーは誰のものか。
その答えを示す責任が、プロサッカーに携わる人間にはある。
サッカーとは、それを見る人のものだ。
日本サッカーを愛する者として、はっきりと言っておきたい。

日本サッカーの親善大使になる

私はこれからしばらく、グラーツで暮らすことになるだろう。先の事は分からないが、一つだけ心に決めているのは、ヨーロッパにいる間は、日本サッカーの素晴らしさ、Jリーグの素晴らしさを、私の責任において積極的に伝えていくということだ。

言わば、日本サッカーの親善大使のような役割だろうか。

かつてオシムさんが私に日本人の勤勉さや正直さについて、日本文化の奥深さについて、そして日本サッカーの素晴らしさについて語ってくれたように、私も一人でも多くの人に、日本サッカーを伝えていきたいと思う。大々的に宣伝するつもりだ。

19年間、さまざまな事があった。ネガティブな記憶もあるが、私の心にはっきりと残るのはポジティブな思い出ばかりだ。

出会った全ての人々に感謝している。どんなときも声援で背中を押してくれたファン・サポーターにはあらためて、「ありがとう」と伝えたい。あなたたちがいたから、私は信念を持って仕事にあたることができた。

私の愛する国、日本。

これからも日本のためにできることは率先してやっていきたいと思っている。

北海道新聞
JAL
札幌ドーム
CHOCOLATE FACTORY

©Daisuke SUGIURA、©Glaretone/Hideyuki EMOTO

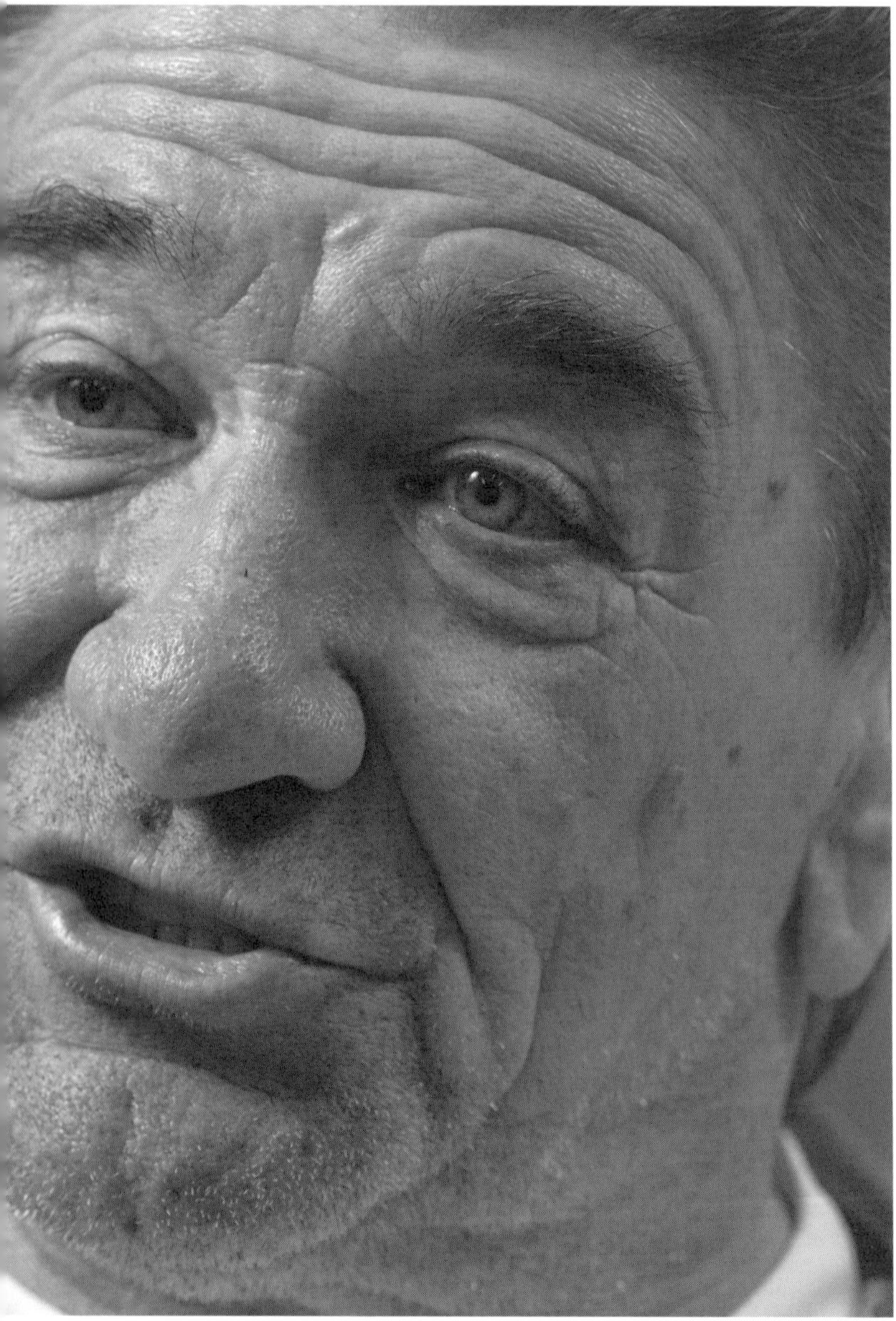

©Glaretone/Hideyuki EMOTO

FÜR ALLES

EUCH

DANKE
ICH LIEBE

これまでのすべてのことに感謝しています。
みなさんを愛しています。

Epilogue 編者あとがき

サッカー専門誌で働いていた時代、サンフレッチェ広島の担当記者としてミシャさんを何度も取材した。最初の単独インタビューは2010年。Jリーグカップ決勝で配布するプログラム掲載用に話を聞いた。

設定されていた取材時間はおよそ30分。ところが、約束の時間を大幅に超えることになる。目前に迫ったジュビロ磐田との決勝に向けた思いを聞くのが目的だったのだが、ミシャさんの話は止まらず、平気で脱線しまくった。こちらも興味津々なものだから、質問に質問を重ねてしまう。

気づけば、開始から1時間を経過。広報担当者の鋭い視線を浴びながら、取材テーマとは全く関係のない1974年西ドイツ・ワールドカップのオランダ代表について聞いていた。今振り返れば、通訳を担当してくれた杉浦大輔さんにも大変、申し訳なかったのだが、広報から「そろそろ」の声がかからなければ、止めどなく話を聞いていたと思う。

それほど、ミシャさんの話は面白く、興味深いものだった。

その後、浦和レッズや北海道コンサドーレ札幌でもインタビュー機会に恵まれたが、私自身が直接のクラブ担当ではなかったことと、ある程度、専門誌の掲載テーマに沿って聞かなければならず、脱線部分を思いっきり広げることはできなかった。

2024年、ミシャさんの来日19年目のシーズン。個人的には14年越しの思いがようやく実った。書籍の企画が立ち上がり、幸運にも専門誌を離れ、フリーランスとなっていた私が制作に関わることになったからだ。

来日20年目となる2025シーズンに発売することを目標に本書の制作はスタートした。本人に『誰も知らなかった本当のミシャ』を日本のファン・サポーターに届けたいと企画意図を伝えると、「何でも話すよ」と二つ返事で了承してくれた。

イングランド移籍のチャンスがあったこと。現役時代の晩年に攻撃的なミッドフィルダーからリベロにコンバートされていたこと。イビチャ・オシムやヨハン・クライフだけではなく、ウォルター・ルーデシャーという監督に影響を受けていたこと。シュトルム・グラーツの会長と犬猿の仲だった時期があること。ウィキペディアに載っている指導歴が間違っていることも、制作過程で初めて知った。

来日後の19年を振り返る中でも、知らないエピソードがいくつもあった。浦和の監督に就任する前にある人物に横槍を入れられたこと。中国から巨額オファーが届いたこと。コロナ禍以降、ブレダ夫人が帰国して札幌で一人暮らしをしていたこと。料理番組を見るのが趣味で料理にハマり、チャーハンが得意料理になったことも、初耳だった。

知ってのとおり、2024シーズンはミシャさんの監督キャリアの中で最も苦しいシーズンになった。スタートから札幌は低迷し、思うように勝ち点を得られず、早々と残留争いに巻き込まれた。

三上大勝社長が練習場を訪れ、選手の前でミシャさんの続投と2024シーズンが集大成になると伝えた5月29日も、本書用の取材日だった。複雑な思いがあったはずだが、ミシャさんはいつもと変わらず熱く日本サッカーへの愛情を口にし、クラブのあり方について語ってくれた。

そんな状態だから毎回、取材をお願いするのを躊躇《ためら》ったが、ミシャさんはいつでも「いいリフレッシュになるから」とわれわれを迎え入れ、自らの思いを言葉にした。北海道コンサドーレ札幌の広報部の皆さんの全面協力によって脱線しまくる話も時間の許す限り聞くことができた。大変な時期に応じてくれたミシャさんと杉浦大輔さんにあらためて感謝したい。

17歳でプロになってから半世紀にわたってサッカーの世界で生きてきた人だ。本書にミシャさんの全てが記されているとは思わない。それは土台無理な話だろう。ただそれでも、今まで語られることのなかった来日以前の足跡と、その時々でミシャさんが感じていた思いは綴られていると思う。

季節が秋を迎え、67歳の誕生日を目前に控えたミシャさんに、思い切ってシーズン終了後の身の振り方について聞いた。返答は「今度、こっそり教えます」。その言葉を耳にして、２０２５シーズンもどこかのクラブで監督を続ける意思があると理解した。

しかし、札幌のＪ２降格が決まり、ミシャさんは「監督引退」の可能性を口にする。直後の取材機会に真意を聞いたが、その答えは「先のことは分からない」だった。腰部脊柱管狭窄症の影響で一時は杖がないと歩行も困難だったそうだが、リハビリを続け、シーズン終盤には「だいぶ良くなった」と喜んでいた。クラブハウスから練習場に続く階段を自力で降りてピッチに出る姿を見て、こちらも安心したものだ。

「２年前に胃を痛めて、今は医者にブラックコーヒーを止められている。だから砂糖入り。さすがに年を取ったということかな（笑）」

以前よりも体に気をつかうようになったのは、少しでも監督を長く続けたいからだと勝手に想像していた。

監督業引退の可能性について「95パーセント」とは言っているものの、裏を返せば、残り「５パーセント」は続ける意思があるということになる。昨年12月９日に札幌市内で行われた退任会見終了後にミシャさんにあいさつすると、「きっとまたどこかで会えますね」と言って笑った。

本書の制作を終えた今も、14年前の取材時のように、まだまだ話を聞き足りないとの思いがある。オーストリアか、日本か、あるいはどこか別の国か。ミシャさんが指揮を執る日が来たら、いつでも取材を始められるように心の準備だけはしておこうと思う。

佐藤 景

◎ PROFILE
佐藤景(さとう・けい)
大学卒業後、(株) ベースボール・マガジン社に入社。週刊プロレス編集次長、ワールドサッカーマガジン編集長、サッカーマガジン編集長を歴任し、2022年7月に退社。現在はフリーランスのライター&編集者として活動し、サッカー日本代表、Jリーグほかスポーツを中心に取材中。札幌出身。Xアカウントは、@kei_sato18

RECORDS

■ミハイロ・ペトロヴィッチ＿選手成績

シーズン	チーム	リーグ 出場	リーグ 得点
1976-77	ラド・ベオグラード(YUG２部)	–	–
1977-78	ラド・ベオグラード(YUG２部)	–	–
1978-79	レッドスター・ベオグラード(YUG)	7	0
	オリンピア・リュブリャナ(YUG)	17	2
1979-80	オリンピア・リュブリャナ(YUG)	33	3
1980-81	オリンピア・リュブリャナ(YUG)	29	0
1981-82	オリンピア・リュブリャナ(YUG)	17	1
1982-83	オリンピア・リュブリャナ(YUG)	17	0
1983-84	オリンピア・リュブリャナ(YUG)	34	1
1984-85	ディナモ・ザグレブ(YUG)	34	0
1985-86	シュトルム・グラーツ(AUT)	30	3
1986-87	シュトルム・グラーツ(AUT)	35	0
1987-88	シュトルム・グラーツ(AUT)	36	1
1988-89	シュトルム・グラーツ(AUT)	21	1
1989-90	シュトルム・グラーツ(AUT)	36	0
1990-91	シュトルム・グラーツ(AUT)	36	1
1991-92	シュトルム・グラーツ(AUT)	22	0
1992-93	シュトルム・グラーツ(AUT)	17	0
Total:	ユーゴスラビア(1部)	188	7
Total:	オーストリア(1部)	233	6

■ミハイロ・ペトロヴィッチ＿来日前の主な指導歴

年度	チーム	備考
1993~	SVベラウ(AUT)	アンダー16監督
1996~	シュトルム・グラーツ(AUT)	コーチ セカンド監督
1998	NKプリモリェ(SVN)	監督
1999	NKドムジャレ(SVN)	監督
2001	NKプリモリェ(SVN)	監督
2001	オリンピア・リュブリャナ(SVN)	監督
2003	ドラボグラート(SVN)	監督
2003	NSムラ(SVN)	ヘッドコーチ
2003	シュトルム・グラーツ(AUT)	監督

※ YUG＝ユーゴスラビア、AUT＝オーストリア、SVN＝スロベニア

■ミハイロ・ペトロヴィッチ＿日本での監督成績

年度	クラブ	リーグ						Jリーグ杯	天皇杯	ACL
		順位	試合数	勝点	勝	分	敗			
2006	広島	10位	22	35	11	2	9	—	5回戦	—
2007	広島	16位	34	32	8	8	18	ベスト8	準優勝	—
2008	広島(J2)	優勝	42	100	31	7	4	—	ベスト8	—
2009	広島	4位	34	56	15	11	8	GL	3回戦	—
2010	広島	7位	34	51	14	9	11	準優勝	3回戦	GL
2011	広島	7位	34	50	14	8	12	1回戦	3回戦	—
2012	浦和	3位	34	55	15	10	9	GL	4回戦	—
2013	浦和	6位	34	58	17	7	10	準優勝	3回戦	GL
2014	浦和	2位	34	62	18	8	8	ベスト8	3回戦	—
2015	浦和	3位	34	72	21	9	4	ベスト8	準優勝	GL
2016	浦和	2位	34	74	23	5	6	優勝	4回戦	ベスト16
2017	浦和	8位	20	29	9	2	9	—	4回戦	ベスト8
2018	札幌	4位	34	55	15	10	9	GL	4回戦	—
2019	札幌	10位	34	46	13	7	14	準優勝	2回戦	—
2020	札幌	12位	34	39	10	9	15	ベスト8	—	—
2021	札幌	10位	38	51	14	9	15	ベスト8	3回戦	—
2022	札幌	10位	34	45	11	12	11	PO	3回戦	—
2023	札幌	12位	34	40	10	10	14	ベスト8	4回戦	—
2024	札幌	19位	38	37	9	10	19	ベスト8	4回戦	—

※ GL＝グループステージ敗退、PO＝プレーオフステージ敗退

PROFILE

ミハイロ・ペトロヴィッチ

Mihailo Petrovic

1957年10月18日生まれ。セルビア(旧ユーゴスラビア)出身。国籍はオーストリア。幼いころはストリートサッカーに明け暮れ、13歳のときに地元の FKロズニツァで本格的にプレーを始める。15歳のときにユーゴスラビアの選抜チーム入り。ここでのプレーが認められ、名門レッドスター・ベオグラード(ツルヴェナ・ズヴェズタ) へ加入。16歳で FKロズニツァへ戻り、トップチームデビュー(当時は3部リーグ)。ここで頭角を現し、18歳のときに2部の FKラド・ベオグラードへ移籍。78年に再びレッドスターへ加入する。その後、スロベニアのオリンピア・リュブリャナへレンタル移籍し、ここでの活躍が認められてU－21ユーゴスラビア代表、A代表にも選出。84年にディナモ・ザグレブ、翌シーズンにオーストリアのシュトルム・グラーツと籍を移し、ここで8シーズンを戦い、233試合出場6得点と活躍。93年に引退後は指導者の道に進み、シュトルム・グラーツのコーチ時代に当時の監督イビチャ・オシムの薫陶を受ける。同チームの監督などを歴任し、2006年 6月に広島の監督に。攻撃サッカーを掲げ、翌 07年に J2に降格するも、08年は J2優勝。09年は J1で 4位に躍進。10年にはナビスコカップ準優勝。11年限りで広島を退団。12～17年は浦和で指揮を執り、16年にルヴァンカップを制覇した。18年に札幌監督に就任し、19年はルヴァンカップ準優勝。札幌では7シーズンにわたって指揮を執り、24年シーズンをもって退団した。

J１最多《さいた》指揮《しき》監督《かんとく》が綴《つづ》る
来日《らいにち》19年《ねん》の足跡《そくせき》と攻撃《こうげき》サッカー哲学《てつがく》

ミシャ自伝《じでん》

2025年3月14日　第1版第1刷発行

著　者　　ミハイロ・ペトロヴィッチ
編　者　　佐藤《さとう》 景《けい》

発行人　　池田哲雄
発行所　　株式会社ベースボール・マガジン社
〒103-8482
東京都中央区日本橋浜町２-61-９ TIE 浜町ビル
電話 03-5643-3930（販売部）
03-5643-3885（出版部）
振替口座 00180-6-46620
https://www.bbm-japan.com/

印刷・製本　共同印刷株式会社

Printed in Japan
ISBN 978-4-583-11712-6 C0075